JN013111

琉球近世の社会のかたち

よくわかる沖縄の歴史

来間泰男

日本経済評論社

はじめに

沖縄は、琉球という名の、日本とは別の国だった。

一七世紀の初めに、その琉球が薩摩藩・島津氏の侵攻を受けた。それは徳川幕府の承認を受けた上でなされた。以後、琉球は徳川氏と島津氏の干渉を受けることになるものの、国としては残された。

本書は、琉球近世の時代を対象としている。ほぼ一七世紀から一九世紀半ばまでの時期である（その期間は日本近世と変わりはない）。叙述は、琉球を孤立的に描くのではなく、日本と対比しながら、その違いを整理しながら、描くことになる。

私は、歴史学を本業とはしていないが、経済学ないし農業経済学（農業史学を含む）を基礎において、歴史への関心は持ち続けてきた。その成果をこうして提示しているのである。日本についての私の記述は、先行する研究者たちの成果を学び、とり入れ、それをわかりやすく表現したものである。

一方、琉球についての私の記述は、すでに私が発表済みのものを基本にしているが、今回、いっそう検討を加え、充実させた。先行する琉球史の研究者たちの議論には多くの疑問を持っているので、そのことを指摘しつつ展開するが、他方でそれらの議論に学んだ点も少なくないこと、もちろんである。

先行する琉球史の研究者たちへの疑問は、「経済を組み込んだ社会」ではなく「経済を欠いた社会」が取り扱われていることにあるといっていい。地方制度はともかく、土地制度や租税制度や、商品＝貨幣経済の展開の状況をつかみ損ねては、「十全な社会」像を描けるわけがない。

琉球近世史についての私の見方は、日本近世史とは「異なる」ということと、日本近世史と較べれば「遅れている」ということ、である。「遅れている」ということは、何も不思議なことではない。中世・近世の日本史は中国史と較べると遅れている、ということと同じである。

今回も、高校生にも分かるように、やさしく書くように努めた。

前著の『琉球王国の成立と展開』は、近世の手前までの琉球史を扱った。今回は「琉球の近世」に進めた。本書が読者の支持を得られれば、次の「沖縄の近代」が待っている。

二〇二二年六月一日

目次

第1話

島津侵攻と琉球統治

薩摩の島津氏は、一六〇〇年の関ケ原《せきがはら》の戦いでは西軍《せいぐん》につき、敗北した。なのに、勝者の徳川氏側から制裁を受けていない。そして、一六〇九年には早くも琉球王国を武力で侵略した。それも徳川氏の了承を取りつけての上である。侵略を受けて、琉球は薩摩藩を介して徳川幕府の支配体制に組み込まれた。一方で、徳川幕府と薩摩藩は、いったん潰した琉球王国の復活を承認して、琉球が中国（明《ミン》、後には清《シン》）との朝貢・冊封体制を継続することを認め、その琉球を介して自身も中国との関係を持とうと考えていた。

琉球は、このような中国との関係を保持していたという点で、琉球が他の藩とは異なった性格を持っていたことは明らかである。しかし、その琉球王国をどのように特徴づけるかについては、さまざまな論がある。最大の問題は、「幕藩体制」に琉球も組み込まれたのかどうかである。

私が「琉球近世」と表記するのは、「日本近世」とは異なるということを印象づけるためである。時期は同様であっても、「社会のかたち」は大いに異なっているのである。

徳川幕府の成立と島津氏

日本では、戦国時代を抜けだして、織田信長《おだのぶなが》による全国統一事業が進み、それを豊臣秀吉《とよとみひでよし》が引き継いで、完成させる。その秀吉は、一五九八（慶長三）年に没する。すると、徳川家康《とくがわいえやす》の力が大きくなってくる。そして、一六〇〇年には関ヶ原の戦いが起こる。

東軍《とうぐん》（家康方）と西軍《せいぐん》（石田三成《いしだみつなり》方）が関ヶ原（今の岐阜県内）で激突した。薩摩藩の島津義弘《よしひろ》は西軍に付くことになったが、義弘のもとには一〇〇〇人前後の兵がいただけだった。義弘も国元の薩摩に増援を要請していたが、思うようにならなかったのである。このため義弘は、このわずかな手勢《てぜい》を率《ひき》いて戦いにのぞんだ。

しかし、島津氏は戦場で兵を動かすことはなく、様子を見続け、西軍の「負け」が分かると、勝ちほこる東軍のど真ん中に突撃を開始した。退却のために、あえてこの方法を選んだのである。「島津の退《の》き口《ぐち》」といわれる。多勢《たぜい》に無勢《ぶぜい》、それでも島津勢は決死の覚悟で突撃した。そのすさまじさに東軍が一瞬ひるむ。そのすきに包囲を破り、家康の本陣の横を通り抜けて、伊《い》勢《せ》方面へと突き進んだのである。多くの家臣が命をおとし、残ったのはわずかに八〇人余りだったという。

関ヶ原の戦いで、徳川家康は「天下」をとった（徳川幕府の成立は一六〇三年とされることが多かったが、近年は一六〇〇年とされる)。その「天下」とは、信長の時代ではまだ京都を中心とする畿内地方程度と意識されていたが、秀吉の時代に日本全国に拡大した。そのことは、戦国時代にそれぞれの地域に生まれていた地域ごとの国家、「地域国家」(そのトップが戦国大名である)が解消されて、日本が一つの国家に統一されたということである。権力の統一過程は、水陸を含む交通網と、物資の流通すなわち商業の全国的な統一過程でもあった。

戦いが終わって、家康は、いったんは九州の諸大名に島津攻めを命じた。島津はこれに抵抗する姿勢を示すが、のち命令は取り消される。一年半にもわたって和平交渉が続き、結果的には家康が根負《こんま》けして、島津氏の所領を安堵《あんど》(保証)することになった。

このことについて、司馬遼太郎《しばりょうたろう》は次のように書いている(『街道をゆく3陸奥のみちほか』一九七八年、うち「肥薩のみち」)。「関ヶ原での政府交代戦では、薩摩の島津氏はやぶれた西軍に属した」。「島津勢は関ヶ原から逃げもどると、すぐ三州(薩摩・日向《ひゅうが》・大隅《おおすみ》)の国境をとざし……臨戦態勢」を布《し》いた。「徳川氏は、おどろいた。徳川氏はすでに島津氏の兵馬《へいば》の強さを知っていた」。「政権樹立早々の徳川氏としてはできるだけ穏《おだ》やかに事をおさめたかった。薩摩人がなまなかな集団でないことは、このあたりの呼吸をよく心得ていたことである。国許《くにもと》で血相《けっそう》を変えて臨戦態勢を持《じ》している一方、京都に駐在中の家康に対してぬかりなく微笑外交をほどこし、ついに本領を安堵《あんど》させてしまった」。

島津氏の琉球侵攻

関ヶ原の戦いのあと、家康は薩摩を介して琉球と接触し、対明《ミン》交渉をするよう期待した。薩摩・島津氏もこれに対応して動いたが、琉球は応じない。琉球が家康の期待に応じておれば、薩摩の侵攻を受けることはなかっただろう。しかしそのことは、幕府・薩摩への従属への道である。応じても従属させられていくし、応じなくても従属させられていくのである。

家康は、島津家久《いえひさ》・義弘を通じて琉球の来聘《らいへい》（使者の派遣）をいくどもうながしていた。琉球はこれに対応しない。島津氏は家康の許可を得て、ついに「琉球征討《せいとう》」に立つのである。一六〇六年、家久が伏見《ふしみ》城で家康に会った時、その許可がでた。

一六〇九（慶長一四）年に、島津氏は琉球に出兵する。樺山久高《かばやまひさたか》を総大将、平田増宗《ひらたますむね》を副将として、兵三〇〇〇人、船一〇〇隻で攻めた。尚寧《しょうねい》王の琉球は敗れ、島津軍は首里を占領し、与論《よろん》島以北の奄美諸島は島津氏の直轄地とされた。それでも、そのほかの地域は、従来どおり琉球王府によって支配することが認められた。あらためて、薩摩藩から知行《ちぎょう》八万九〇八六石を与えられ、王国は復活した。琉球王国はいったん無くなったが、すぐ復活させられたのである。しかし、復活した琉球王国はもはや独立国ではなく、徳川氏・島津氏に指揮監督される「従属国」に落ちたのである。

中国（明）への朝貢《ちょうこう》＝冊封《さくほう》体制（琉球が中国に「朝貢」し＝「貢物を奉《たてまつ》り」、中国は琉球王を「冊封」＝「任命」する）は、薩摩藩の承認の下で継続された。むしろ、それを継続させるためにこそ、琉球を王国のまま残したのである。その背後には「朝貢（進貢）貿易」があったので、これを利用しようとしたのである（第2話）。

一六一〇年五月～一二月に、島津家久は尚寧をつれて、駿府《すんぷ》（今の静岡県内）で大御所《おおごしょ》・家康に、江戸で二代将軍・秀忠《ひでただ》に会う。翌一一年九月、尚寧と三司官は、「起請文《きしょうもん》」（上級の者に対して誓いを立て、背《そむ》かぬことを宣言した文書）を書かされた。そして、「掟《おきて》一五条」を伝達された。一六一一年一〇月に、尚寧は那覇に帰る。

「掟一五条」には、次のようにある。「薩摩の命ずる以外に、唐［明国《ミン》］への誂物《あつらえもの》［注文品］を贈ることを停止《ちょうじ》する事（明との交易は薩摩が管理する）」、「薩摩の印判のない商人との交易は許してはならない事」、「年貢、その他の貢物は薩摩の奉行《ぶぎょう》が定めたとおりに納める事（薩摩への年貢については薩摩が定める）」などである。

連行された王たちの処遇

鹿児島に連行された琉球の王たちは、どのように処遇されたのだろうか（［　］と、カタカナのルビは来間）。

伊波普猷《いはふゆう》『古琉球』（一九一一年）は、次のように書いている。「この戦争の結果、尚寧《しょうねい》王以下一〇〇余名は捕虜となって上国《ジョウコク》［都へ上ること］し、如才《じょさい》なき［気がきいて、上手にことを運ぶ］薩摩の政治家は 思う存分にその主《ヌシ》なき琉球を経営致しました。尚寧王は俘囚《ふしゅう》［捕虜］となって薩摩にある事 二年余、漸《ヨウヤ》く許されて父母の国に帰ったが、さながら島津氏の殖民地《しょくみんち》に身を寄せる一旅客《りょかく》のようであったと申します」。

比嘉春潮《ひがしゅんちょう》『沖縄の歴史』（一九五九年）は、こう述べている。「慶長一五年（一六一〇）五月、家久は尚寧を伴って鹿児島を出発し、まず駿府《すんぷ》に行って家康に謁《えみ》し［謁見《えっけん》し］、それから江戸に至り秀忠《ひでただ》に謁した。その時 秀忠は尚寧を憐《あわ》れみ、薩摩の附庸《ふよう》［従属国］ではあるが、一〇万石以上の大名と同格に遇《ぐう》したということである」。「尚寧の帰って来た沖縄は完全に島津の附庸国たる琉球であった」。

大宅壮一《おおやそういち》『炎は流れる3』（一九六四年）は、次のように述べている「慶長一五年八月八日、尚寧王は家康と対面し、ドンス［緞子］一〇〇反、ラシャ［羅紗］一二ヒロ［尋］、蕉布［芭蕉布］一〇〇巻などを献上した。家康のほうでも、その子頼宣《よりのぶ》（紀州家の祖）、頼房《よりふさ》（水戸家の祖、光圀《みつくに》の父）に舞いを舞わして大いにもてなした。だが、琉球人たちは、このまま死ぬまで日本に軟禁《なんきん》されるのではないかと、気が気でなかったらしい」。

豊見山和行《とみやまかずゆき》は『琉球王国の外交と王権』（吉川弘文館、二〇〇四年）の中で、「幕府は、琉球王一行を、実態は島津氏の捕虜であったにもかかわらず、それを〈外国使節〉に仕立てあげて迎接した」と述べている。
紙屋敦之《かみやのぶゆき》が発掘した史料によれば、次のとおりである（『琉球と日本・中国』山川出版社、二〇〇三年、『歴史のはざまを読む－薩摩と琉球』榕樹書林、二〇〇九年）。

尚寧は日本の天皇と同じように、玉《ぎょく》の輿《こし》に乗り、行列の先頭には四品《しひん》の旗二四本をもたせて、家康と会ったのである。家康は、尚寧を「きわめて丁重に」扱った。尚寧の待遇は「捕虜」的ではなかったのである。九月三日、江戸城で、二代将軍・徳川秀忠《ひでただ》は、島津家久と尚寧をもてなして、「琉球は代々中山王《ちゅうざんおう》の国であるから、他の姓の人を立てて国王としてはいけない。早く帰って、祖先の祀《まつ》りを継ぐべきだ」という命令があった。それで、城を退出したところで「尚寧は手で舞い、足を踏んで歓喜した」という。家久には、琉球の貢納物を受け取ることを認めて、その他の捕虜も悉《ことごと》く琉球に帰された。中山（琉球）王の改易《かいえき》（罷免《ひめん》して別の者を立てる）を禁じて、琉球王国の存続を命じたのである。

尚寧王は、捕虜となって、屈辱を受けたと伊波は述べていた。しかし、そうではなかった。比嘉は、「一〇万石以上の大名と同格に遇《ぐう》した」としているし、大宅は「大いにもてなした」とし、豊見山は、「捕虜であったにもかかわらず」捕虜として処遇したのではなく「外国使節」として位置づけられたとしている。また紙屋は、「きわめて丁重に」扱ったとしている。薩摩藩は、徳川幕府の支持を得て、琉球王国を攻め滅ぼしたが、琉球をきびしく支配する方針は持たなかった。捕虜として連れていかれた尚寧王は、実際には捕虜扱いではなく、丁重にもてなされ、琉球王国の復活を言い渡された。こうして、琉球王国は薩摩藩の支配下に置かれつつも、かなりの自由度をもって存続することになるのである。

幕藩体制と石高

琉球は、こうして徳川幕府の承認のもとに、薩摩藩・島津氏の管理下に置かれることになった。そのころの日本の社会は、どのようなものであったか。

徳川氏の時代の政治経済構造は、幕藩体制といわれる。それは、社会が「幕府」と多くの「藩」とから成り立っていることを踏まえて、その社会のあり方を言い表したものである（なお、「幕府」も「藩」も正式な呼び名ではなく俗称であり、「藩」は明治になって一時公式に使われた）。

徳川氏は、幕府の将軍として「日本」全体を管理する立場にあって、諸藩の大名をも従えていた。徳川氏は最大で、抜きん出た力を持っていたが、一方で多くの藩の大名の中の一つという性格もあった。

全国には大小さまざま、三〇〇余の藩があって、それぞれの「経営」は基本的に幕府の干渉を受けなかった。徳川氏を幕府の将軍とし、その基本方針には従いつつも、諸藩の大名はかなりの独立性をもっていたのである。

一方、幕府は藩に対してさまざまな負担をかけた。藩の幕府に対する負担は、本来は「軍《ぐん》役《やく》」といわれる戦闘動員に応ずる規定であったが、江戸時代は基本的に、戦争のない「天下泰平の世」であったので、軍役に代わるものとして、江戸城・大坂城・二条城などの建築・改築や関連工事、あるいは各地の治水工事に動員された。

また、参勤交代《さんきんこうたい》を強制し、藩主には一年おきの江戸滞在を、妻子には常時江戸滞在を義務づけた。これらは、諸藩には財政的にも負担となった。なお、「参勤」（参《まい》り勤《つと》める）とは、出《しゅっ》仕《し》（出勤）して主君のもとに勤めること、をいう。

戦国大名にはじまり、秀吉の時代に一つの到達点に達したのが、「検地」といわれる事業である。これは、それぞれの領地の範囲を定め、その生産力を計り、年貢徴収の基礎資料としたものである。その方法は、地元からの申告を受けること（差出《さしだし》検地）から、役人を現地に派遣して、統一の基準によって実際に計測することまで、さまざまであるが、しだいに精密になっていった。

検地によって把握されたそれぞれの領地の生産力は、戦国時代には「貫高《かんだか》」（金銭の量）表示が主流であったが、秀吉以後は「石高《こくだか》」（米の量）に統一されていく。背景には貨幣制度が混乱していて、信用が薄れていたことがある。全国の石高は、各藩の石高が幕府に報告され、それを集計した値である。各藩の石高は、大名の直轄する石高と、その地域内に残っている上級藩士の領地の石高の集計値となる（後者は「地方知行《じかたちぎょう》」といわれるが、江戸時代の進行の中で解消していき、藩主による一元支配となっていく）。

このような石高は、実際の生産力ときっちり対応しているわけではなく、過大に評価されたり、過小に評価されたりした。石高は藩の「格」を示すものであるから、背伸びをして高めに設定することもある。一方、石高に比例して軍役の負担がかかるので、逆に過小に設定することもあるのである。

背伸びした薩摩藩の場合で見ると、表向きは七二万石とされながら、実は米高ではなく籾《もみ》高なので、実質はその半分、三七万石程度なのである。石高が過大に表示されたことは、政治的には「加賀百万石」につぐ「第二の雄藩《ゆうはん》［勢力の雄大な藩］」として振る舞うことを可能にしていた。そのため、将軍家や公家・近衛《このえ》家と姻戚《いんせき》関係を結ぶなど、力を発揮することができたのである。一方、経済的には、例えば利根川の治水工事のように、大きな負担を強いられるなど、財政負担を余儀なくされる。なお、将軍家や近衛家との関係もまた、財政負担につながった。

石高は、村ごとにも、一戸の百姓家ごとにも規定される。一五〇〇石の村、一五石の家などとなる。百姓は、この石高を基準に、個別に課税される。年貢だけでなく、さまざまな労役にも従事する。租税の負担額は個別に決まっているが、村の役職者が責任を持って徴収し、かれらの責任で上納する（村請制《むらうけせい》）。

この点で、琉球近世は大きく異なっている。琉球では、租税の負担額はそもそも個別の百姓には分割されていないし、個別に徴収することはないのである（第6話）。

こうして、石高は、幕府が掌握している全国の石高と、それぞれの藩が掌握している藩の石高と、藩内の村々が掌握している村々の石高と、村の百姓家それぞれの石高と、いくつかのレベルで設定されているのである。しかも、村々のそれを合計したものが藩の石高となるかといえば、そうではない。さらに、諸藩のそれを合計したものが全国の石高になるかといえば、そうではない。そのような不一致を含んでいるものの、石高によって社会が秩序づけられていたのである。

変化する江戸時代の日本社会

日本は、戦国時代から江戸時代初期にかけて、大きく変化した。

戦国大名たちは、拠点となる城郭を建設した。以前のような山城《やまじろ》ではなく、平地の城、平城《ひらじろ》である。そのために、水害を避けるため低度利用となっていた土地を開発し、城を築き、周辺に居住地を造成した。それは農地の開発を伴った。「大開発の時代」といわれる。

武士は城の周辺に集住させられる。それとともに、武士の生活を支える人びと、すなわち商人や手工業者などもここに集められ、「城下町」が形成された。両者の居住区域も区画された。江戸時代は、このような都市が発達した時代である。

貨幣制度は、日本では長い間、整備されることはなく、貨幣として使用されていたのは、中国産の硬貨だった。この状況に手を加え始めたのは秀吉であり、徳川氏はこの事業を引き継ぐ。都市が発達し、その城下町と周辺農漁村との商品の流通が盛んになり、また、それはそれぞれの藩の内部にとどまることなく、広域に及ぶ。貨幣制度はぜひとも整備せねばならなかったのである（第7話）。

それまで「読み書き算盤《そろばん》」のできる者は、宮廷や仏寺・神社など、上層の人びとにほぼ限られていたが、戦国時代からより下層の人びともしだいにできるようになっていった。戦国時代は「惣村《そうそん》」を生み出した。人びとが自分たちの「決まり事」を決め、自分たちで村や町を管理するようになった。「決まり事」は文字で書かれる。村や町の主だったメンバーは読み書きができなければならない。年貢の負担も、村や町が責任を持つようになる（村請制）。彼らには、数字の理解が欠かせない。

また、村には、僧侶や武士たちも流れ込んでくる。彼らの多くは「知識人」であり、教育を担うこともあった。このような村の知識人は、寺子屋でだけでなく、広く村の子供たちに読み書き算盤を教えた。一般の百姓も、法令を読み、内容を理解する必要があるので、勉強する。また彼らは、俳諧《はいかい》（連歌《れんが》・俳句）や謡《うたい》（能《のう》・狂言《きょうげん》など）を楽しむ。それは一般の百姓にも広がる。このように、彼らは、年貢納入や村落行政という点でも、民衆教化という点でも、「村請制」を支えていたのである。領主たちは、彼らを仲介役として、はじめて一般百姓に対することができた。

この流れは、江戸時代を通して、しだいしだいに広がっていった。その時代の末の方では、寺子屋などの「学問所」のない村や町はごく限られ、読み書き算盤のできない人はずっと少なくなっていた。図書も刊行され、その貸借も多く、その読書人口は増えていった。

日本の近世社会は「兵農分離」の社会だった。それは、身分の区別だけでなく、住む場所の区別でもあった。ところが、読書や、俳諧や謡を楽しむことなどでは、兵農は分離されていなかった。兵か農かにかかわりなく、人びとは読書などに親しんでいたのである。読者層は、初めのころは村でも上層に限られていたが、一九世紀には下層にも広く普及していった。

盛んになる商品生産

永原慶二《ながはらけいじ》『苧麻《ちょま》・絹《きぬ》・木綿《もめん》の社会史』(二〇〇四年)から、戦国時代において「苧麻から木綿へ」と変化したことと、その意義について、ごく要約して紹介する。

「日本の民衆衣料の歴史は、古代・中世を通じて、苧麻を中心とする広義の麻の栽培・紡績・織布の歴史であった」。苧麻は苧《からむし》ともいう。それは商品として流通することはほとんどなく、農家の中で生産と消費が完結していた。農家の女性たちは、「きわめて手のかかる能率の悪い労働に多くの時間を奪われた」。それでも「麻の時代の衣生活は、じつに貧しいものであった」。

次に、木綿の時代に入っていく。それには「二つの段階」がある。「第一の段階」は、中国や朝鮮から、木綿製品をもっぱら輸入品として受け入れた時期である。「中国での木綿栽培の本格的な発展期は、一四世紀末から一五世紀初葉の明初の頃《ミシ》であった」。これに「ややおくれて、朝鮮にも導入され、日本国内への導入は、…またそれから半世紀あまりおくれる」。

そして「第二の段階」は、「日本の国内で木綿の栽培・紡績・織布が行われるようになった時期である」。日本での木綿の栽培は、「一五世紀末ころ始まったと思われる」。そのうち各地に広がり、江戸時代に飛躍的に発展するが、その素地は、すでに戦国時代のうちに形成されていた。「西は九州から東は関東に至るまで、おそらくほとんどの地域で、江戸時代以前に木綿栽培・木綿織は展開していた。しかし、さすがに東北地方への展開は困難だった」。寒すぎるのである。

また、布の質や、日本経済の性格の変化にも言及している。「木綿の登場がもたらしたものは、麻では得られなかった肌ざわり・保温性・染色性のよさばかりでなく、日本経済の性格を全体的に自給経済から商品経済へという形で大きく転換させるほどの巨大な役割を演じることになる」。

次は、「農家経営の変貌」についてである。この木綿の導入は、自家消費用の枠内にとどまらず、「ほとんどはじめから商品作物としての性格をそなえていた」。そのため、木綿栽培を導入した農家経営は、長い間持続してきた自給経営的性格をたちまちにして変化させ、商品生産者的性格を強めるようになった」、そして「農家経営がそのような方向に向かいだすと、稲作についても多肥・多労働型の経営がいちだんと推進される。それは畿内では、すでに室町時代から少しずつ進展しつつあった方向であるが、木綿栽培がはじまると、木綿と水稲とが一体的に発展するようになるのである」。肥料を多く使い、よく働く農業へと展開していったのである。

結論。「苧麻から木綿への移行は、…生活史はもとより、日本経済史における中世から近世への転換を決定づけるものであった」。

江戸後期のことについては、井上勝生《いのうえかつお》『開国と幕末変革』(二〇〇二年)による。「一八世紀を通じてもっとも商品化が進んだのは、綿《わた》・繭《まゆ》・藍《あい》・紅花《べにばな》・菜種《なたね》・楮《こうぞ》など、衣服や油、紙に代表される生活加工品の原料作物である。一九世紀経済の成熟の進展に、重要な意味をもつことになる第一点は、綿栽培が東北、北陸を除く全国に普及したことである」。綿栽培は「十分な肥料と丹念な世話を必要とし、土質や水の便を選ぶ。砂地に壌土《じょうど》[質の良い土壌]をまじえ、日当たりのよい河川に沿った堆積土地帯《たいせきどちたい》が栽培の最適地であった」。「大河川が低地に流れこむ、大坂平野一帯が綿作の中心になった」。かくして、「大坂平野での綿作の、田畑耕地面積に対する平均綿作率は、じつに四三パーセントにもなる。田地にも綿がつくられたため、農民は自家で食べたり年貢に納める米を買ったという」。

財政のあり方とその変化

幕府・藩の収入は、石高によってほぼ固定されている。開田・開畑の進行などの状況変化に対応して、新たに検地をして石高が増加することもあるが、それもまた固定される。米は基本的に増産されていったが、そうなれば米の価格は低下する。そのことは、幕府・藩の収入の減少となる。他方で、百姓たちによる米作以外の作物の生産や、手工業や商業は発達してくるのに、それに対応する課税制度は追いつかない。

幕府・藩の財政運営はしだいにむつかしくなっていく。その対応に迫られた幕府・藩は、まず支出の節減、つまり「倹約《けんやく》」策をとる。そして、「冥加金《みょうがきん》」や「運上《うんじょう》」という名の租税を新たに課すようになる。これらは、特定の分野の業者（手工業や商業）に、それぞれの「株仲間《かぶなかま》」を組織させて特権を与え、その見返りに、収益の一部を納めさせたものである。また、地域特産品の生産を育て、その販売で収入を増やそうともした。

一方、生活者たちはくりかえす飢饉に痛められ、一揆や打ちこわしに走る。幕府・藩の側は、ただ弾圧するだけでは乗り切ることができないようになっていき、住民救済策にも手を着ける。「囲い米《かこいまい》」という食糧の備蓄策をとり、日ごろは貧民救済に回し、米価の高騰時にはそれを放出した。これは幕府の財政支出ではなく、町人の力を借りた、一種の相互扶助の仕組みである。

幕府の財政の苦境は、その後半から、発行する貨幣の品質を落とす（金銀の含有量を減らす）ことによって、直接的に収入を増やすようにもなったが、それは必然的に物価の上昇を招き、庶民の反発を呼び、いわば綱渡りの財政運営だった。また、株仲間の特権化によって、かえって物価の上昇を招くこともあり、それはしだいに廃止されていく。

江戸時代は、このような流れのなかで進み、その存立の基盤は崩れていく方向にあったのである。もちろん、その崩壊はまだ先のことであり、二七〇年も続いた、その先の方でのことである。

薩摩藩の琉球支配

薩摩藩は、琉球侵攻の翌年、一六一〇年から琉球の検地《けんち》を実施した。薩摩藩から竿入《さおいれ》奉行一四人、その他の役人一六八人を派遣して、本島はもちろん離島や先島に至るまで、すべて検地をして、翌年に完了した。検地帳二七〇余巻が編成されたといわれる（ほとんど残っていない）。検地帳には、各地方の村位《むらくらい》、反別《たんべつ》（面積）、草高《くさだか》（生産高）が記入された。また、植物や、芭蕉敷《ばしょうしき》、唐苧《とうちょ》敷、宝藺《たからい》敷、桑《くわ》、漆《うるし》、塩屋、棕梠《しゅろ》、綱《つな》、刳舟《くりぶね》、九年母《くねんぼ》「クニブ」、酢《す》ノ木、橙《だいだい》、青唐《ししとう》九年母、皮フチ《カーブチー》九年母、唐竹《からたけ》など（これらを「上木《うわき》」といった）、さらに山野《さんや》で飼養している（放牧であろう）牛馬の数に至るまで、くわしく記入した、という。

総石高は八万九〇八六石、うち五万石は王家の収入で、残りは諸士に配分と命令された。石高は、一六二八年には八万三〇八五石に修正され、一六三五年には九万〇八八三石に増加される。琉球・中山王の支配領域は、沖縄島、伊平屋《いへや》島、伊是名《いぜな》島、伊江《いえ》島、慶良間《けらま》島、久米《くめ》島、渡名喜《となき》島、宮古島、八重山島とされている（現代表記によった）。

薩摩藩は実際にはどのように支配したのか。以下、そのことをみていこう。

宮城栄昌《みやぎえいしょう》『琉球の歴史』（吉川弘文館、一九七七年）は、「実質的には徹底した植民地支配を行なった。具体的には、①人質・年賀使・慶賀使・恩謝使の派遣［の義務づけ］、②国王及び摂《セッ》政《セイ》の就任についての薩摩の承認、③［薩摩藩の］在番奉行の琉球常駐、④中国貿易の義務化、⑤検地の実施、⑥貢租の負担、⑦宗教の統制とキリスト教の禁止などを重要事項として強要した」としている。まさに、ここに掲げられている七項目のような支配は行なったが、これを「植民地支配」というだろうか。

仲地哲夫《なかちてつお》「琉球の歴史と民衆」（沖縄国際大学公開講座委員会編『琉球王国の時代』一九九六年のうち）は、「四つの指標」を挙げている。「第一は、〈国王〉をはじめ摂政、三司官は、就任時に島津家に起請文《きしょうもん》を差し出して忠誠を誓わなくてはならなくなりました［宮城の②に対応］。第二に、〈仕上世《しのぼせ》〉と称する年貢を年々、薩摩藩に上納することを義務づけられました［宮城の⑥に対応］。…。第三に、薩摩藩は、那覇に在番奉行以下の役人を常駐させて、首里王府を監視させました。薩摩藩の役人らは、首里王府をコントロールする役割を果たしていました［宮城の③に対応］。第四に、周知のように中国貿易の管理権は薩摩藩によって掌握されていました［宮城の④に対応］」。

「異国」＝琉球王国をどう見るか

このような、薩摩藩支配下の琉球王国をどうみたらいいだろうか。

安良城盛昭《あらきもりあき》は、薩摩藩支配下の琉球王国の性格について、当初（一九六七年）は「特殊な藩」としていたが、のちに書いた「琉球処分論」（初出は一九七八年）では、藩であることを否定して、「藩に近い」「半国家的＝疑似国家的存在」に修正した。安良城は、藩ではないがそれに近いといい、国家であることも否定して「半国家」「疑似国家」とし、その独立性を否定的に評価している。これは、日本＝幕藩体制に含まれていることを重視していることになる。いずれも『新沖縄史論』（沖縄タイムス社、一九八〇年）に収録されている。

高良倉吉《たからくらよし》『琉球王国の構造』（吉川弘文館、一九八七年）は、「幕藩制国家に編成されていたとはいえ、琉球王国は依然として異域《いいき》、異国の性格を濃厚に保持しつつ展開したのである」として、琉球の国家としての独自性を強調した。高良は、安良城とは異なって、日本＝幕藩体制に含まれていることよりも、独自性を重視していることになる。

上原兼善《うえはらけんぜん》「貿易の展開」（琉球新報社編『新 琉球史 近世編（上）』一九八九年のうち）は、次のようにいう。「一七世紀以後の琉球貿易」が「重要な時代的条件下におかれていた」とし、そのことを「幕藩制国家によって その周縁国に位置づけられ、独自の搾取原理である石高制が琉球国をもまたきびしく貫いていた事実である」。つまり上原は、琉球国が、幕藩制国家・日本の一員とされ、その基本原理である石高制下に包み込まれたとしているのである。琉球を「石高制」の社会になったとみるこの見解は、他にはあまり見られず、孤立しているように思える。

仲地哲夫《なかちてつお》「琉球の歴史と民衆」（前出）は、これらを批判的に総括して、「幕府が琉球を〈異国〉として位置づけていたのは確かです。しかし、同時に琉球は、島津氏の領分でもあったのです。異国的な側面を強調すると、薩摩藩の琉球支配の意味が曖昧《あいまい》になってしまうのではないかと、私は危惧《きぐ》して［危《あや》ぶんで］います」。「幕府は、島津氏に琉球を領分として与えましたが、中国との貿易を重視して、いったん征服した琉球［王国］を復活させました。そして、二六〇余年の間、琉球は〈日本の中の異国〉として存続することになります。私は、次の四つの指標によって、もはや琉球王国は、独立の国家とはいえなくなったと考えています」（「四つの指標」は紹介ずみ）。仲地は、薩摩藩の支配下にあることを重視している。高良が「異国」であることを強調していることへのアンチ・テーゼだと思われる。

これらとは別に、紙屋敦之《かみやのぶゆき》『大君外交と東アジア』（一九九七年）は、次のことを指摘している。「一六三四年（寛永一一）に琉球は幕藩体制の中の〈異国〉、つまり、島津氏の領分であるが〈異国〉とされた」。また、「領知判物《りょうちはんもつ》」（幕府が出す「領知」＝領地の宛行《あてがい》や安堵《あんど》の文書）を示しつつ、「琉球は幕藩体制の知行・軍役体系の中に組み込まれたが、琉球の石高については軍役を課さない、つまり無役扱いだ」。もう一つは、「琉球の明との冊封・朝貢関係を幕府として公認した」。

紙屋はまた、『琉球と日本・中国』（二〇〇三年）でも同様のことを述べた上で、「島津の領分であるが異国であるという解釈である」としている。紙屋はさらに、『歴史のはざまを読む―薩摩と琉球』（二〇〇九年）では、次に見る豊見山和行《とみやまかずゆき》らの意見を入れて、「琉球を幕藩体制の中の〈異国〉と位置づけたうえで〈朝貢〉の視点」を打ち出している。

豊見山『琉球王国の外交と王権』（吉川弘文館、二〇〇四年）は、「従属的二重朝貢」という。琉球は「従属国」であって「主権を制約され」ていて、「他国の干渉を受けない独立した十全な国家形態ではない」が、「従属国家（従属的二重朝貢国）の一国家類型」だとしたものである。

「中国（明清）・日本（薩摩藩）と琉球の関係は、一種の二重朝貢と規定することができるが、両国への朝貢は同質でも同レベルでもなかった。中国（明清）への朝貢が平時において樹立された関係である一方、日本（薩摩藩）への朝貢は、薩摩軍勢の琉球出兵という戦争を契機として成立したものである。また、朝貢のあり方も大きく異なる。明清への朝貢は、貿易を随伴するものであったため琉球側は積極的であったが、他方、薩摩藩へのそれは敗戦の結果、強制を余儀なくされた朝貢であった。このように両国への二重朝貢は、相対的に規制力の弱い中国への朝貢と、大幅に王権を制約された薩摩藩への従属的朝貢という特徴を持っている」。

豊見山は、かつての「日支（中）両属」という理解をしりぞけて、「従属的二重朝貢」とすることによって、日本にも中国にも属してはいないとしたもののようだ。属することはないが、両国へも朝貢をする関係にあったというのである。とはいえ、一方（日本）への従属性は固く、他方（中国）へは緩やかだという違いを強調してもいる。

また、次のようにもいう。「琉球王国（より限定していえば琉球王権）が、薩摩支配によって制約されていたことは事実であり、その支配の程度が明確にされず曖昧《あいまい》にされ」てはならない。また、「次期王位継承者の鹿児島への渡海」が義務づけられてもいた。それでも、二七〇年間を一色に捉えるのではなく、「清朝の朝貢国」であることを逆手《さかて》にとって、一八世紀以降は、王府は「中国志向」を強めていき、薩摩藩に対して一定の距離を保ったという。

これらを踏まえて判断すれば、次のように理解すべきと考えられる。薩摩藩の侵略を受けても琉球王国は存続したが、それは独立国ではなく、従属国、付庸国であった。琉球王国は、琉球側の意思によってではなく、徳川幕府と薩摩藩の指示に基づいて存続したものであり、薩摩藩への貢納の義務を背負い、国家主権にかかわる一切のことが薩摩藩に握られていた。このように薩摩藩に権力的に支配されているということが主要な側面である。それでも、琉球は「全面従属」ではなく、一定の主体性を保持していたのである。

しかし一方で、法的な形式は「異国」という国家形態となっている。そこで、「異域・異国」の面を強調する意見も出てくるが、琉球王国の独自性は、いわば「薩摩藩の手のひらの中で認められていた」ものであることを見失ってはなるまい。

このようにして、琉球は「幕藩体制」に組み込まれた。高良倉吉が述べているように、薩摩藩による侵攻は、「琉球の日本社会への統合の最初の契機」となった。しかし、「日本のような社会」になったのでも、なりかけたのでもない。

琉球は石高制の社会ではない

つまり、琉球の社会のあり方が「幕藩体制」下の日本の社会のようになったのではない。琉球も「幕藩体制」に組み込まれたといわれるとき、それは、江戸幕府と島津氏の支配下に置かれたこと、そのさい検地が行われて「石高」が定められたことを、主に指している。琉球は島津氏を介して、「幕藩体制」に組みこまれたことにはなる。

しかし、その限りのことであって、琉球には軍役は課されないし、琉球の社会は石高を基準に編成されることはなかった。琉球では、それぞれの個別百姓に石高が張りついてはいないし、そのため石高で家格が決まることもなかった。石高が規定されるのは、間切・村レベルまでであるが、それも名《な》ばかりで、課税その他に石高が基準とされることはなかったのである。

王国の石高は決まったが、それは薩摩藩からの貢納額割り当ての目安として使われたにとどまる。それも、石高に見合う「軍役」(実際上は土木工事などへの動員)はなかった。王府が地方の間切《まぎり》に求める租税(貢租)も、名目的には石高が基準にされたが、きびしく関連づけられることはなかった(租税については第6話で述べる)。琉球は「石高制の社会」になることはなかったのである。

したがって、琉球が幕藩体制に編入されたということを、注釈なしに指摘することは、琉球近世の社会についての大きな誤解を誘うものであること、この点を強調しておきたい。琉球の「幕藩体制」への編入は、形式的なことであって、実質ではなかったのである。琉球が日本と「似たような社会」となることはなかったのである。

第2話

琉球の進貢貿易と薩摩藩

琉球王国は、そもそもの成立の時から、中国（明）に朝貢（進貢）し、その皇帝から「王に命ずる」という冊封を受けるものとして始まった。朝貢には皇帝に対して臣としての礼儀を尽くす書状とともに、自らの物産を献上することが必要だった。朝貢の使節たちは、それとは別に、自らの物品を携えていき、それを販売すること、また代わりに中国の物品を買い入れることが認められていた。これを進貢（朝貢）貿易という。

琉球は、一七世紀からは薩摩藩の支配下に入ったので、この進貢貿易も、中国と琉球だけの関係ではなく、薩摩が絡《から》んでいる。薩摩は「渡唐銀《とうぎん》」といわれる前渡金を琉球に渡して、何をどれだけ買って来るようにと注文した。

ただ、そのことに琉球が従順にしたがったのではない。

この進貢貿易については、大いに利益があったという説と、大いに赤字だったという説がある。実際はどうだったのか。

「冊封体制」とは

まず、「冊封体制」について整理しておく。

比《ひ》嘉《が》春潮《しゅんちょう》『沖縄の歴史』（一九五九年）は、一四世紀の後期に明《みん》が成立したが、明は「周囲の国々を四夷《しい》とし、海外諸国は まず中国の正朔《せいさく》を奉《ほう》じ 臣を称して 朝貢の形でそれぞれの方物《ほうぶつ》を明帝に献上し、その代償は賜与《しよ》の形で受けるべきであるとし、中華の威容《いよう》［威厳のある姿］を示すことを主とし、進貢船以外の外国貿易を禁ずることとし、太祖［王朝の始祖、明の場合は朱元璋《しゅげんしょう》］即位の一三六八年一一月、安南《あんなん》、占城《チャンパ》、高麗《こうらい》等とともに日本へも使者を使わして入貢を促す国書をもたらした」と述べている（日本はこれに応じなかった）。

ここで「四夷」としているのは、西戎《せいじゅう》・北狄《ほくてき》・南蛮《なんばん》・東夷《とうい》のことで、日本では、戎も狄も蛮も夷も、すべて「えびす」とも読む。その「えびす」とは、『広辞苑』は日本での用法について、「（「えみし」の転）⑴「蝦夷《えぞ》」に同じ。⑵都から遠く離れた未開の土地の人。⑶荒々しい武士。情を解さぬ荒っぽい人。特に、東国の武士を京の人から見て言う語」としたうえで、「⑷野蛮な外国人。蛮夷《ばんい》」としている。この⑷は中国の用法でもある。「正朔」は暦のことだが、それを奉ずる／承《うけたまわ》ることは、その統治に服することをいう。

東恩納《ひがしおんな》寛淳《かんじゅん》『琉球の歴史』（一九六六年）は、こう述べている。「朝貢関係は 蒙古の元《げん》以後のことで、天下の統一が成つて国家が成立した時に、そのことを周囲の小国に知らせ、忠誠を誓うことを勧告する。その時の通告文を招諭《しょうゆ》と称する。その招諭を受諾《じゅだく》して、使を派遣し恭《きょう》順《じゅん》の意を表する［服従する］と、それを朝貢とも入貢とも唱《とな》え、その時の進物《しんもつ》を貢物《こうぶつ》とも、方物《ほうぶつ》とも唱える。それから以後は、毎年一貢とか、二年一貢というふうに、規定の貢期に規定の貢物を納入する。その時の運漕船を進貢船《しんこうせん》と唱え、使節を進貢使《しんこうし》と称する。沖縄の場合は三司官（国務相）級の人が王舅《おうしゅう》と称して正使に任ずる。／このような朝貢の礼に対し、その国王に冊封《さくほう》と唱えて、爾《なんじ》を封《ふう》じて某国王とするという勅書《ちょくしょ》［皇帝の出す公文書］を与える。この場合には、先国王を諭祭《ゆさい》し、次に世子を冊封する。諭祭文を白詔《はくしょう》、冊封文を紅詔《こうしょう》と唱える。冊封使の座乗する船を封舟《ほうしゅう》とも冠船《かんせん》とも唱え、一世一代の儀礼」であった。

つまり、周辺の小国が中国（皇帝）に忠誠を誓い、貢物／方物をささげることが「朝貢」であり、これらに対して中国（皇帝）が、その者をその地の国王に任命することを「冊封」といったのである。「先国王を諭祭《ゆさい》」は、亡くなった先代の国王を祀《まつ》ること。

田中健夫《たなかたけお》『東アジア通交圏と国際認識』（一九九七年）は、これを「華夷《かい》思想」「華夷秩序」という語句を使って述べている。「中国が諸外国に対応する原理としたのは華夷思想である」。「琉球王朝の華夷秩序への対応は」云々。「華」は中華、「夷」は「異民族、野蛮人、えびす」のことで、「華夷思想」は、自らを「中華」（世界の中心）とし、周囲を野蛮な人びととみなすことをいう。

原田《はらだ》禹雄《のぶお》『琉球と中国—忘れられた冊封使』（二〇〇三年）は、関連用語を次のように説明している。

正朔を奉《ほう》ずる　正朔《せいさく》＝暦。正朔を奉ずる＝臣従《しんじゅう》する。

封貢《ふうこう》＝冊封と朝貢の関係。封《ほう》＝土地を与えること。

冊封《さくほう》＝皇帝から国王に任命されること。冊《さく》＝皇帝の言葉。

職貢《しょっこう》＝定められた期間（貢期《こうき》）に、定められたルート（貢道《こうどう》）によって、定められた方物《ほうぶつ》（その国の産物のことであるが、琉球の場合、日本や東南アジアの産物も含まれていた）を貢《みつ》ぎ、皇帝の徳を讃《たた》え、長寿を祝う文書を呈上《ていじょう》した、このこと。

進貢貿易の仕組み

東恩納寛惇『黎明《れいめい》期の海外交通史』（一九四一年）は、次のように述べている。①「常例の貢物以外に国王・世子又は使臣等の名義を以て舶載される貨物を附搭物貨と称し、その品目が主ら［?主に］南洋土産であつたところから附搭番貨とも称している」。つまり、こうである。「常例の貢物」は、中国皇帝への献上品で、対価は支払われない。しかし、進貢には、それ以外に「附搭物貨《ふとうぶっか》」というものがある。これは国王などの名で、「舶載《はくさい》される［船に載《の》せる］貨物」である。これは彼らの私物であって、献上品ではない。なお、それらは「主《おも》に」南洋の

「土産」（産物）であったから、外国を意味する「番」（蕃）の字をつけて「番貨《ばんか》」ともいっている。

② 「その附搭番貨を積載する船を 随船《ずいせん》と称し」た。つまり、「附搭物貨／番貨」を運ぶ船を「随船」、進貢船に随う（随行する）船といった。

③ 『明会典』には「朝貢の名義で入聘した諸国の使臣に対しては、公式謁見の後 三日乃至五日間 会同館に於て附搭物貨を開市し、評価が行はれ、法定価格に従って価銀を支給される」と規定されている。つまり、「朝貢」のために「入聘《にゅうへい》した」（やって来た）各国の「使臣」に対しては、「公式謁見《えっけん》」を終えて後、三～五日間、「会同館」という所で、「附搭物貨」の「開市《かいいち》」（市を開くこと）があり、それらの物貨（物資）の「評価《ハンガー》」（価格評価）が行われ、あらかじめ決められている「法定価格」によって「価銀」（代価）が支給される。

④ 「原則として 売買はすべて官営であつて 勝手貿易は允《ゆる》されてゐなかつた」。つまり、この売買は「官」が管理しているものであって、「勝手貿易」（自由取引）は許されていなかった。

⑤ 「正貢以外の附搭番貨」の取り扱いは、『明会典』で「五分を抽《ひ》き 五分を買ふ事になっている」。つまり、附搭番貨は、半分を除き、残り半分に代価を支払う（「価銀を支給する」）ことになっていた。

⑥ 「全額から見ると、半額の価銀を支給されるわけになるのであるが、琉球の場合であると、琉球物貨に対しての支給は 時価の約十倍の単価に見積もられてゐたのであるから、仮令《たとい》半額

としても なほ五倍の価を支給された事になるわけである」。つまり、明朝が買い上げ（てくれ）る「琉球物貨」の買上げ価格は（『明会典』の規定に基づいていて）、もともとの価格が「約一〇倍」で見積もられているので、うち半分が買上げの対象から外されるとしても、実質は「半分の価格」ではなく、「五倍の価格」となっている。

⑦「支那［中国］との関係は 是《こ》の種 附搭物貨の貿易が最も重要事であつて、進貢《しんこう》と云ひ、冊封《さくほう》と云ひ、一切の儀礼は単にこの貿易を持続せんが為めの外交に過ぎなかつたもので、…支那歴代慣用の懐柔《かいじゅう》政策を巧《たくみ》に利用して 最も有利な貿易を経営してゐたものである。これは単に琉球ばかりではない、室町時代以後 幕府を始め諸侯伯《こうはく》［大名］皆然《しか》りで、宗《そう》・大内《おおうち》等が朝鮮に臣事《しんじ》［臣下として事《つか》えること］し、室町将軍が明朝に対して臣礼を取つたのも皆これで、琉球の場合も亦 斯《こ》の例に漏れないのである」。つまり、こうである。中国との「進貢」（朝貢）・「冊封」という関係は、儀礼的なものであって、それに伴う「貿易」（進貢貿易）こそが狙いだった。そのことは、朝鮮に対した宗氏（対馬《つしま》）や大内氏（周防《すおう》）も、明に対した室町将軍（義満《よしみつ》以後の）も、みな同じである。「懐柔」とは「手なずけること」をいうが、ここでは「優遇」というような意味合いであろう。

東恩納は、このように進貢貿易の仕組みを説明して、進貢貿易は大きな利得を齎《もたら》したという、いわば「大幅黒字」論を展開したことになる。

このうち⑦については、豊見山和行《とみやまかずゆき》『琉球王国の外交と王権』（二〇〇四年）が批判している。

東恩納らのような「旧来…の理解」は、冊封関係を「形式的儀礼的関係」としてきたが、それは「きわめて一面的である」。そうではなく、「琉球は島津氏の領分という従属した地位におかれながらも、冊封・朝貢関係をテコとすることによって 幕藩制国家内に［は］解消されない王国として存続していたのである」と。ただ、豊見山の焦点は「冊封関係の政治機能」に当てられており、東恩納の焦点はいわば「冊封関係の経済機能」に当てられていて、正面からの衝突とは見えない。

薩摩藩からの拘束

薩摩藩の侵攻を受けて、この進貢貿易はどう変わったか。

東恩納『黎明期の海外交通史』を続ける。①「慶長の琉球入《いり》後 明廷［明の朝廷］は 琉球が破却されて 一国の資格を有せざるものと認め、その進貢を十年に一度 或は五年に一度と定めたのであつたが、清朝の初《はじめ》に二年一貢の許可を受け、更に運動の結果 迎船の名義で 進貢船発送の翌年 接貢船を差立《さした》てて、事実上 毎年貿易船を福州に発遣する事になつてゐる。而《しこう》して その資金は薩摩から出るのであつて、最早 琉球そのものの商売ではない」。つまり、明は、琉球が薩摩に支配されるようになったことから、朝貢・冊封関係を保つ資格を喪失したので、進貢の回数を「十年一貢ないし五年一貢」へと減らしたが、清になって「二年一貢」が認められた。

しかも、更に掛け合って、「接貢船」という迎えの船を出すことが認められたので、事実上は「一年一貢」のようになった。その貿易の資金は薩摩が出すので、これは「琉球の商売」ではなく「薩摩の商売」というべきである。

②「これに反して 鹿児島諸士衆が 所謂《いわゆる》御誂銀と称して 内々資金を託して商法を営むのであつた。それは 奉行所の役人は公然の事であつたが、これ等 役人の関係筋を使つて「使って」頼み込む向きも少くなかつた」。つまり、「鹿児島諸士衆」が「御誂銀《おあつらえぎん》」を琉球に預けて商売するのである。それには「奉行所の役人」は当然として、それ以外にもこれらの役人の「関係筋」を介して頼んでくる者もいたのである。

③「然《しか》らば 渡唐船の発遣は如何なる仕組《しくみ》であつたかと云へば、薩摩より積込の云々《うんぬん》の「さまざまな」品物を持ち渡つて 福州で売捌《うりさば》き、その銀子《ぎんす》で唐物を買調《かいととの》へて還《かえ》り、薩摩へ回送するのが本筋で、その外 鹿児島役人衆の委託商売がある」。つまり、「渡唐船」には彼ら薩摩の役人たちの物品が積み込まれるのであり、それを福州で売りさばき、その代金で「唐物」を買って帰り、薩摩に届けるのであり（これが「本筋」＝基本）、この他に「鹿児島役人衆」に委託を受けた商売もある。

ここには、疑問もある。②に出てくる「諸士衆」と、③に出てくる「役人衆」との区別が分からない。同じものではないだろうか。

④「渡唐船の仕立《したて》に要する資金は 拝借銀と称《とな》へて 無利息で融通して貰ひ、その利益を以て

償還して行く、乗組員にも一定の商売を許可される」。つまり、「渡唐船」の運用に要する経費は、（鹿児島から）「無利息で」借りて（「拝借《はいしゃく》銀」）、商売の利益で返す。さらに、「乗組員」（琉球の、であろう）も商売を許されている。

この表現では、進貢貿易の主体は、薩摩／鹿児島ではなく、琉球であるかのように見える。

⑥「右様の有様で慶長役後は唐一倍と云はれてゐた進貢貿易も、そのまゝ薩摩の経営に移管された形で、琉球は単に御奉公までの仕宜［仕儀《しぎ》。次第］となつて了《しま》つたのである」。つまり、進貢貿易は「唐一倍」（二倍になる）と言われていたが、薩摩の侵攻後、それは「薩摩の経営」に移された、それによって琉球はその薩摩に「奉公」するだけとなってしまった、というのである。

比嘉春潮『沖縄の歴史』は、次のように述べている。「島津の琉球入りの主要目的であった進貢貿易はどうなったか。尚寧《しょうねい》を擒《とりこ》［捕虜］にして鹿児島に拉致《らち》すると、まず最初に島津の打った手は、進貢を従来にかわりなく続けさせるということであった」。「琉球入り後の中国貿易は〈薩摩下知《げち》［命令］の外、唐へ誂《あつら》え物停止《ちょうじ》たるべきこと〉と規定され、また〈渡唐の船は春は二月下旬、秋は九月中旬たるべく、右の時節相違するにおいては厳に所罰［処罰］するから、よく守るべきこと〉などの達しがあり、交易の資金も島津側から出て、これを渡《と》唐銀《とうぎん》と称し、いろいろの拘束《こうそく》を受けて、なかなか容易ではなかった」。つまり、島津氏が琉球に侵攻した目的は「進貢貿易」にあって、そのために尚寧には「進貢」を続けるように命じた。そして、「掟《おきて》一五条」において、唐（明）への「誂え物」（ここでは、進貢品）は薩摩の命令に従うこと、また、その時期についても規定したのである。さらに、「交易の資金」（渡唐銀）も島津氏が出して、いろいろと制約があった。

比嘉は、琉球国の対明貿易が、島津氏／薩摩藩の拘束を受けていたとしている。東恩納が、これは島津が経営した貿易であるとしていることと一致していない。

宮城栄昌《みやぎえいしょう》『琉球の歴史』（一九七七年）は、次のように述べている。「貿易の相手国は全く中国に限られ、しかも薩摩の指定品しか運送できない傀儡《かいらい》貿易であった。これらの商品の販売先も、大体鹿児島市場に限られ、沖縄での売捌《うりさば》きも制限されていた」。つまり、進貢貿易の品々は薩摩が指定しており、いわば「傀儡貿易」でしかなかった。「傀儡」は「くぐつ」とも読み、「操《あやつ》り人形」のことである。また、この貿易で得た品々の売捌き場はほぼ鹿児島に限られていて、沖縄ではなかった、という。

宮城は「進貢貿易はどれだけの利益を収めていたのであろうか」と自問している。ただ、この問に対する宮城の回答は、一六八二〜八四年の銀高を示しているだけである。宮城も、琉球国の対明貿易は、薩摩藩の指示による薩摩藩のための貿易であった、としている。

特権商人の役割

仲地哲夫《なかちてつお》「薩摩支配における特権商人の役割」（沖縄歴史研究会編『沖縄歴史研究』10号、一九七三年）は、「薩藩権力が琉球王府を通じて吸い上げる いわば幹線ルート」だけでなく、「特権商人」の果たした役割に注目すべきだと論じている。これには「鹿児島の琉球館［琉球王府の出先機関］に出入りする立入《たちいり》・用聞《ようきき》のグループ」と、「薩摩と琉球間を往来する御用船の船頭《せんどう》・水主《かこ》のグループ」とがある、という。ここでいう「幹線ルート」は、薩摩藩と琉球王府の関係を指している。

ここで確認しておくべきことは「琉球王府は、その経済活動を担いうる独自の御用商人を有していなかった［ことである］。薩摩支配がそれを許容しなかったからである」。比嘉春潮が「掟十五条」を引いて指摘していたことである。

ところで「琉球王府には 対清国貿易のための銀も 品物もなかった」、そこで「そのほとんどを 立入・用聞らに用立ててもらい、〈返上物〉と砂糖で返済するしくみであった」。そのため、彼らに依存することとなり、彼らは「高利貸的資本」となって琉球王府を「しばりつけ」ていった、と仲地は論じている。そして、「琉球側は 公的にも私的にも 大きな収入源をこれらの特権商人によっておさえられ、利益を横奪されていたのであった」という。

しかし、いわゆる「渡唐銀」は、特権商人ではなく、薩摩藩が仕立てていたのではないか。

仲地は「薩摩と琉球との間を流通する品物」について述べている。うち「薩摩から琉球へ運んだ品物の主なるもの」は「製糖用の鍋あるいは農具用の延鉄、また飲食物としての茶・煙草・昆布、そのほか繰綿・桐油など」だとし、「逆に琉球から買って帰る品物」としては、「黒糖・鬱金・藍玉」であった、と。モノの行き来としてはそうであろう。

しかし、その性質をどうとらえるべきだろうか。「琉球から買って帰る品物」としての「黒糖・鬱金・藍玉」は、王府が租税品として徴収したものであろう。それを船頭・水主たちが運んでいるのであって、「買って帰る」わけではあるまい。それを王府が主体になって薩摩にある「琉球館」で、立入・用聞たちに入札販売していた。また、他方の、「薩摩から琉球へ運んだ品物」のうち①「製糖用の鍋あるいは農具用の延鉄」は、貢租部分を超える砂糖（買上糖／焼過糖）の対価として、それを産した間切に、王府が代理して買って引き渡す品々であろう。また②「茶・煙草・昆布」は、王府の租税収入の内から主として王府内の需要を満たすために、つまり自らのために、買入れたものであろう。つまり、いずれの品々も王府が取り仕切っているものであって、「特権商人」が自らのものとして「売買」しているというような、「商品」ではあるまい（第8話）。

ただ、そのことは、「特権商人」のやっていることがすべて王府の代行であり、自らの「商品」を扱うことが少しもないということではない。事実として、かれらは王府が買上糖／焼過糖を有償で（対価を渡して）収納しているのと同様な動きをしていた。つまり前もって貨幣ないし物品を渡して、生産結果の砂糖を受け取る、「前貸資本」「高利貸的資本」としての性格も備えてはいた（第8話）。そうではあるが、商人たちの活動が主で、王府の取扱いが大きく侵されているとは考えにくい。

その後の展開

上原兼善《うえはらけんぜん》『近世琉球貿易史の研究』（岩田書院、二〇一六年）は、「島津氏は一六〇九年（慶長一四・万暦《まんれき》三七）、琉球を制圧したが、琉球の進貢貿易に積極的に介入するのは、一六三一年（寛永八・崇禎《すうてい》四）以降のことである」としながらも、「それまでも」琉球に資金を投入したり、貸し付けたりしているという。そして、「琉球自体、貿易資本の面では大きく島津氏に依存していたわけであり、そこに進貢貿易から島津氏を排除できない構造的理由があった。琉球の薩摩藩よりの借銀高からみて、資金的にも貿易の主導権は島津がわにあったといえる」としている。以下、上原によりつつ、少しだけ補って、経緯を整理していく。「　」内は上原の文章である。

「しかし、一六三一年（寛永八・崇禎四）を期して薩摩藩の貿易政策に変化があらわれる」。「膨大な借銀高［借金］を抱え込んだ」薩摩藩は、「進貢貿易の利をもってその財政の建て直しをはかる方向へ動き出す」。薩摩人を琉球ふうに扮装《ふんそう》させて、中国に同行させたりしている。しかし、「琉球がわとの矛盾を内包」していて、「藩の期待とはうらはらに、けっして順調ではなかった」。

「一六三七年には明国より［琉球との］生糸貿易を禁止する旨の通告を受けた」。（上原の記述から少し離れるが）当時の日本が中国から求めていた物品の代表が生糸であった。それは、長崎に中国船が持ちこむもののほかに、ポルトガルが中国で手に入れて日本に運ぶものもあった（ポルトガルが日本に持ち込む物品は、武器を除くとほぼ中国のそれであった）。そのころ、「江戸幕府は［キリシタン禁制を徹底するため］ポルトガルとの関係を閉じようとしていた」。そして一六三九年八月に「その旨がポルトガル人に伝えられた」。そのことは、ポルトガル人が運んでいた「生糸・絹織物・薬種・乾物類」が届かなくなることにならないかと「幕府」は「懸念」していたが、それは「対馬・琉球を通じて求める方針を固め、ポルトガル人の追放に踏みきった」。そして「幕府は薩摩藩に対し、琉球に生糸・巻物・薬種類の輸入に当たるよう正式に伝えさせたのである」。

琉球もそのことで交渉を進めていたが、そこに〝明清交代《ミンシン》〟がやってくる。琉球は新政権の「清」に向きを変え、「正式に冊封を要請した」。一〇年間の空白があったが、一六六三年に、冊封使一行が琉球に来て、「ここに文字通り清国との冊封関係が成立するにいたった」。それでも、清国との対立勢力が残っており、「渡唐船はしばしば洋上で海賊行為の被害をうけている」。

以下は略する。上原は、対中国貿易（進貢貿易）について、薩摩藩はいろいろと注文を付けたり、逆に制限しようとしたりするが、これに対する琉球王府は、その指示／命令には必ずしも従わず、対応を遅らせたり、断ったりしていて、両者の間には摩擦があったことを描いている。進貢貿易が「薩摩藩の貿易」であったという理解は、割引する必要がありそうである。

進貢貿易＝「王府は大幅赤字」論

安良城盛昭《あらきもりあき》『新 沖縄史論』（一九八〇年）は、次のように述べて、従来の説に異議を唱えた。
「進貢貿易についての首里王府の収支決算は大幅赤字であり、砂糖売捌《うりさばき》代金によってその赤字補塡《ほてん》がなされている」。つまり、「進貢貿易」は首里王府にとっては「大幅赤字」であって、その赤字は、進貢とは別の、「砂糖販売代金」で埋め合わされていた。

安良城は、自らの説を伊波普猷《いはふゆう》の「唐一倍」説に対する崎原貢《さきはらみつぐ》の批判（「渡唐銀と薩琉中貿易」一九七五年）を受け、それを支持する形で提起している。

ちなみに、伊波は『南島史考（琉球を中心としたる）』（一九三一年）で、「沖縄に〈唐一倍《トーイチベー》〉［ルビは伊波］といふ俚諺《りげん》［ことわざ］があるが これは〈元一倍〉と同義で 支那貿易は十割の利益がある との意である」と述べている。また『孤島苦の琉球史』（一九二六年）では、中国との貿易についてこう述べている。「その財源は 支那と交易して得た利潤と その交易した貨物の日本の市場で販売して得た純益とが 大部分を占めてゐたが、その外に 薩州から支出する渡唐銀なるものもあり、又 鹿児島商人から借りた金銭もあつたといふことを知らねばならぬ。…これらの借財は 後で支那［中国］の貨物を鹿児島で転販［転売］するときに、元利共《とも》償還されたといふことである。〈唐一倍〉といふ言葉を念頭に置いて、徐《おもむ》ろに［落ち着いて］進貢のことを考へたら思ひ半ばに過ぐる［感慨無量な］ものがあらう。ところが、かうして確実に握つたと思ふ利益が、島津氏に搾取されたからたまらなかつたのである」。

これによれば、進貢貿易の財源は、①中国貿易の利潤と、②中国で得た貨物の日本（鹿児島）での販売益と、③薩摩の提供する渡唐銀と、④鹿児島商人からの借金とからなっている。そして「これらの借財は」とあるが、上記のうち後半の二つ③④のことであろう。それを②の販売益で、元金・利息も合わせて償還できた、と述べている。「唐一倍」という俚諺の正しさが分かる。そして、そのようにして得た利益は、島津氏に搾取された、というのである。

これに対して安良城はいう、「進貢貿易に要する経費の全てを首里王府ひとりが負っているが故に、王府の進貢貿易についての収支計算は赤字とならざるをえず、またそれ故に、貿易経費の負担から免《まぬか》れている薩摩と琉球諸士は、いわゆる〈唐一倍《とういちばい》〉を享受《きょうじゅ》しうる構造を進貢貿易はもっていたのである」。つまり、進貢貿易は利が大きく、俗に「唐一倍」（二倍になる）といわれているが、実は、首里王府は貿易の経費をすべて負担しているので「赤字」とならざるを得なかった。王府とは異なって、「薩摩と琉球諸士」は貿易の経費を負担しないので、「唐一倍」という状況にあったのである。

そして、島津氏にとっても、「進貢貿易に投下される渡《と》唐銀《とうぎん》を三都《さんと》［京都・江戸・大坂］の商人からの借金で賄《まかな》っており、「それ故の利子支払いと貿易利潤の両者を勘案して、高利を払わざるをえない借金までして敢《あ》えて行うに値するほどの利潤はえられなかった」。安良城は、王府に加えて、薩摩藩も赤字だったと指摘しているのである。こうなると「唐一倍」はもっぱら「琉球諸士」についてのみ妥当だと指摘したことになろう。

安良城はまた、『琉球・沖縄と天皇・《天皇制》』(一九八七年)で、「琉球王国の進貢貿易」について次のように述べている。それは「幕府の公認と規制の下に行われており、中国より輸入された白糸《しらいと》[=生糸《きいと》]、中後期の漢籍・漢方薬・奢侈品《しゃしひん》等は、基本的には日本本土に移出することを前提とした輸入であった」と。進貢(朝貢)貿易が、「幕府の公認と規制の下にあった」こと、そこで輸入された中国商品の多くが、日本に流れていったこと、この指摘はそのとおりだろう。ただそのことは、進貢貿易の性格を指摘しているのであって、王府による貿易なのであり、庶民レベルではほぼ関係がないのである。

もう一つ、安良城はここで、「日本より昆布《こんぶ》を筆頭とする素麺《そうめん》などの消費物資を移入するという、徳川期日本経済の一環に組みこまれる経済対応を行っている」と述べている。これは、コンブやソウメンなどの消費物資を、日本から買い入れていたし、その反対に、琉球からは砂糖が提供されていたことを指摘しているので、要するに貿易関係があったということである。貿易関係はあったわけだが、これをもって「徳川期日本経済の一環に組みこまれる経済対応を行っている」とすることには、同意できない。これは、王府レベルの貿易であって、琉球経済のそれではないからである。

第3話

世界史の流れと日本・琉球、そして砂糖

社会は、それぞれの社会内部で、ひとりでも変化・発展していくが、それだけではなく、外部世界との関連によっても変化・発展していく。ここでは、一六世紀から一九世紀までの、世界史の大きな流れを整理しておきたい。それを抜きにしては、日本史も琉球史も十全には理解できないからである。

また、この時代の世界史で大きな役割を発揮した砂糖も見ておきたい。砂糖については、そもそもの始まりから描くことにする。サトウキビは、ニューギニアで生まれたが、砂糖の生産はインドでその製造が始まり、それが北方へ伝わり、地中海、さらに大西洋の島々へ、その後に中南米、ことにカリブ海域に広がった。

日本は近世以来「砂糖の輸入国」であったし、日本での国産が始まったのは近世の末ごろである。

この砂糖は、また琉球近世の主産物ともなった。

砂糖の「地中海時代」と「大西洋時代」

砂糖の原料の代表は、サトウキビ（甘蔗《かんしゃ》）である。それは、紀元前八〇〇〇年ごろに、ニューギニアで生まれたとされている。これが北に向かって、インドや中国方面に伝わっていった。この甘い汁を湛《たた》えたサトウキビから、その汁を絞り、砂糖に加工することはインドで始まったが、時期は四世紀ないし六世紀と、諸説にやや幅がある。これがインドの北方の、メソポタミア（今のイランやイラクの一帯）に伝わって発展し、砂糖生産の中心地となった。そこから地中海方面へ、シリアやエジプトなどに伝わった。すでに一〇世紀になっている。この過程は、イスラム勢力の西への進出と重なっている。つまり、「砂糖はコーランに従ったのである」（シドニー・ミンツ『甘さと権力』）。

こうして、「〔砂糖史上の〕地中海時代」が始まる（同）。地中海沿岸部と、クレタ、シチリア、キプロス、ロードスなどの島々が、砂糖生産の中心となったのである。これには、イスラム勢力の西方進出だけでなく、キリスト教勢力の東方進出、つまり十字軍運動が絡《から》まっている。この運動は、一一世紀末から一三世紀まで繰り返されたが、彼らはそこで砂糖と出会い、そして自分たちも砂糖の生産者になっていったのである。このような砂糖生産を後押ししたのが、当時の地中海の商人たちで、その根拠地は、ともにイタリア半島の付け根にある、西のジェノヴァと、東のヴェネチア（ヴェニス）である。

この地中海時代に、砂糖生産が奴隷労働と結びつく流れが生まれた。これを主導したのは、ジェノヴァとヴェネチアの商人であった。彼らは、砂糖生産を増加させながら、それまで奴隷といえば家事使用人や軍事奴隷にほぼ限られていたものを、生産の現場に引っ張り出したのである。それは、戦争と疫病（ペスト）で人口が大幅に減少したこと、そして砂糖が高価な商品であったこと、そのため、是が非でも砂糖を生産しようとしたこと、による。このなかで、奴隷はヨーロッパ人（白人）からアフリカ人（黒人）へと転換していった。

砂糖は、初めのうちはサトウキビから甘い汁を取り出して、水分を蒸発させるだけのものであった。それには、流動状態のものから固形化したものまで、さまざまなものがあったであろう。そのようななかで、エジプトは一三世紀に「白砂糖」の生産に成功している。その技術は、同時期の元《げん》（中国）にも伝わっていた。マルコ・ポーロの『東方見聞録』が記している。

白砂糖は、サトウキビの甘い汁から水分を蒸発させ、結晶させた砂糖（黒砂糖）、あるいはまだ液状のままのもの（白下糖《しろした》）から、さらに糖蜜を除き、純化した砂糖（精製糖）である。精製の度合いは、現代には及ばなかったと考えられる。ポイントはもう一つ。サトウキビの産地での製糖は、黒砂糖や白下糖にとどめ、精製糖は人口の多い消費地に取り寄せて製造する、という仕組みが、すでに一三〜一四世紀にはでき上がっていた。ベルギーのアントウェルペン（アントワープ）、イギリスのブリストル、ロンドン、フランスのボルドー、イタリアのヴェネチア、ボローニャなどの大港湾都市で、精製されるようになっていたのである。これは、大都市がサトウキビの産地を「支配する」かたちであり、その後の砂糖の歴史にも引き継がれる、「植民地支配」の型の形成ということができる。

そして一五世紀には、砂糖の「地中海時代」は終わりに向かう。それは、もともと気候から見て適地ではなかったこと（寒い、水が足りない、燃料が得にくい）、労働力が不足していたこと、などによる。移った土地は、大西洋の島々（ポルトガルのマデイラ諸島、ヴェルデ岬諸島、サン・トーメ、スペインのカナリー諸島など）であった。ここに、いわば砂糖の「大西洋時代」が始まる。ここにも、ジェノヴァ商人が関与していた。

砂糖の「大西洋時代」で重要なのは、ここで砂糖生産は、アフリカ人奴隷労働にもとづくプランテーション型（農業と工業の融合物）として定着したことである。その期間は長くはなく、ここをステップにして、中南米に移っていく。

「大航海時代」

しばし砂糖を離れる。

ヨーロッパ勢力のアジアをはじめとする世界への進出は、一五世紀の終わりの方に始まる。ヨーロッパの歴史は、アフリカ（エジプトなど）や、ユーラシア大陸（その西側のメソポタミア、その南側のインド、その東側の中国など）に比べて、文明の始まりとその展開が遅れている。うち地中海沿岸（ギリシア・ローマなど）は、その中では例外的に早かった。その中で、東側世界とは、アラブ世界との接触を通すしかなかった。アジアの物産は、そのアラブ世界によって、その媒介によってのみ得られたのである。

なぜ進出したか。ヨーロッパ自身は、多くが寒冷の地で、物産に乏しく、農耕と牧畜によって暮らしていた。牧畜は放牧（放し飼い）が基本で、牛や羊は冬にも耐えられるが、山間で行われる豚の放牧は、えさのドングリが絶えてしまえば、冬を越せない。そこでその前に、種豚を除いて大方が潰《つぶ》された。そのことで生まれる大量の肉は、塩漬けにして保存される。しかし、塩だけでは味がよくない。

そこに東方から胡椒《こしょう》がもたらされるようになり、その味が改善されたのである。それを入手するには、アラブ世界を媒介にしなければならないし、しかもなかなかに高価であった。それに、キリスト教とイスラム教という、宗教対立がある。アラブ世界に頼らず、自ら東側世界とつながることができないか、そのことがヨーロッパの課題であった。

胡椒だけでなく、めずらしい物資が、東方にはあるらしいということで、「大航海時代」が始まった。

ポルトガルのアジア進出とレキオ

ヨーロッパの南西端・イベリア半島にあるポルトガルは、すぐ南のアフリカ大陸の北部とは早くから交渉を持っていた。そのアフリカ大陸海岸を、しだいに南に進めていった。

バルトロメオ・ディアスは、一四八八年に、その南端の喜望峰《きぼうほう》に到達した。次いで、ヴァスコ・ダ・ガマを団長とする船隊が、アジアに派遣された。一四九七年七月にリスボンを出て、一一月に初めてアフリカ南端の喜望峰を回り、翌九八年三月にアフリカ東岸のモザンビーク、そしてその北方のマリンディ、そこから東へ、四月にインド西海岸のカリカットに到着した。それ以後、ポルトガルはインド西岸から東岸、そして東南アジアへと進んだ。

「ポルトガル海上帝国」が成立するのは、アフォンソ・デ・アルブケルケの時代である。一五〇三年から一五一五年までのわずか一〇年あまりの間に、インド洋海域の主要な港町が、次々とポルトガル船隊の攻撃を受け、その支配を受けいれていった。ポルトガルが拠点としたのはマラッカ（マレー半島の南端）で、そこを攻略したのは一五一一年である。かれらは、一方でキリスト教の布教を目的とし、他方で貿易の利を求めた。受け入れる側からみたその魅力は武器であった。それ以外にポルトガルの商品はほとんどなかった。中世のヨーロッパでは戦乱が絶えなかったので、武器だけは発達したのである。

ポルトガル人は、さらに北、すなわち中国へと進出していく。中国にはなかなか受け入れてもらえなかったが、福建近くの島々（月港《げっこう》、双嶼港《そうしょこう》など）に拠《よ》って活動したあと、一五五六年、澳門《マカオ》に拠点を得た。

ポルトガル人は、新しい知識をもとに、東洋を含めた世界地図を作成し、改定していった。それには、当初、レキオ（琉球）がヤーパン（日本）より大きく描かれた。それは日本についての知識が貧しかったからである。そのうち日本のことがよく分かるようになると、逆転して、レキオは小さくなっていく。

レキオが「琉球」という音《おん》から出た言葉であることは疑いない。しかし、レキオとあればすべて琉球のことだと即断し、単純化してはならない。日本と琉球の区別があいまいな時代もあったし、日本が琉球の附属部分であるかのようにとらえられていたこともある。琉球の物産として見られているものが、実は日本の物産であったりした。

スペインのアメリカ進出

ポルトガルの東隣の国・スペイン（エスパーニャ）は、一四九二年の、コロンブスによるアメリカ到達を皮切りに（かれはインド大陸だと思った）、ポルトガルとは反対方向から、すなわち大西洋を西へ進むことによって「世界」に進出していった。中米・南米・北米に、多くの人を送り込み、原住民を殺し、あるいは病死させながら（現地には免疫力のない病気を持ち込んだ）、混血を軸に定住していった。そこではまず、金を探し、サトウキビの栽培を始めたが、大きな意味をもったのは、大量の銀の産地（ポトシ銀山ほか）を獲得したことである（南米でも、今のブラジルの地域はポルトガルが抑えた）。

スペイン人がやってきたアメリカ大陸は、いわゆる「未開」ではなく、独特の「文明」が発達していた。その頂点ともいうべきものが「マヤ文明」「アステカ帝国」「インカ帝国」である。スペインは、これらを武力で潰した。

スペインの到来を機に、ここ新世界にしかなかった動植物が、ヨーロッパやアジアに伝えられ、それぞれの文明に影響を与えた。それには、ジャガイモ（馬鈴薯）、トウモロコシ（玉蜀黍）、トマト、トウガラシ（唐辛子）、サツマイモ（甘藷）、カカオ（ココア／チョコレートの原料）などがある（逆に、旧世界からアメリカに伝えられた動植物もある）。

中南米の砂糖生産、「ブラジルの世紀」

砂糖生産の中心地は、大西洋の島々から中南米に移っていく。そのきっかけは、コロンブスが作った。カナリー諸島からサトウキビの苗を、カリブ海の島々へ移植したのである。一五世紀の末、一四九三年のことである。

製糖業がまず始められたのは、イスパニョーラ島（スペイン島という意味。現在は西側の四分の一ほどがハイチ共和国、東側の四分の三ほどがドミニカ共和国となっている）においてであった。それは、イスパニョーラ島からジャマイカ、プエルト・リコ、キューバへとしだいに拡がった。スペイン人のプランテーションは、国王の役人が経営していたのである。民間人の経営者はなく、商人もいなかった。

先に述べたように、絶え間ない争い、ヨーロッパ人が持ち込んだ伝染病の流行などが原因となって、初めてヨーロッパ人がやってきてからわずか一世紀のあいだに、これらの島々の先住民のおよそ八〇〜九〇％が死んだ。そのため、アフリカ人奴隷を投入するようになる。しかし、一五八〇年までに、スペイン人によるカリブ海域での砂糖生産は絶えた。

次に本格的な砂糖生産を始めたのは、ポルトガル領のブラジルにおいてであり、ヨーロッパでは「ポルトガルの砂糖」といわれていたが、実は、それらはオランダ人がブラジルで生産したものだったのである。この、砂糖史における「ブラジルの世紀」といわれるのは、一六世紀から一七世紀に及んでいる。ブラジルでサトウキビ栽培の大農園が発達した土地は、北東部海岸地方のペルナンブーコとバイーア地方であった。しかし、オランダはここを追われて、スリナム、キュラソー島に移る。

イギリスの海外膨張は、一七世紀前半のアイルランド攻略に始まり、一六五五年にカリブ海のジャマイカ島を抑え、次いでバルバドス島を抑え、これらを砂糖プランテーションの島に変えた。フランスは、一六三〇年代に、サン・ドマング島の西部（フランス領サン・ドマング。今のハイチ共和国の地）に拠点を築くとともに、マルティニーク島、グァドループ島にも進出した。この中で、砂糖の主産地は、バルバドスからジャマイカ（一六五五年、スペイン領からイギリス領へ、読みもハマイカからジャマイカへ）へ、サン・ドマングへと移っていった。

イギリスやフランスの場合、砂糖生産の労働力は、もっぱら奴隷に頼っていたわけではない。自らの国民を「年季奉公人」として、条件を偽《いつわ》って（騙《だま》して）送り出し、また受刑者たちをも、半ば強制的に送り出していたのである。しかし、そのような体制は永続できず、しだいに黒人奴隷の比重が高まっていった。

オランダ自身は、自らの砂糖産地を持っていない（のちにインドネシアを得る）が、このイギリス・フランスの砂糖生産は、技術的にはオランダに負っており、また、奴隷取引を主導していたのもオランダだった。しかし、オランダは人口が少なく、人を海外に送り出すことが弱かったので、他の国々に主導権を奪われていったのである。世界経済を引っ張っていたオランダの時代は、ほぼ一七世紀までで終える。

一方、一六世紀には新しい嗜好品《しこうひん》である、カカオ（ココア）、コーヒー、茶などがヨーロッパに普及しはじめた。その、下層階級にもおよぶ普及は、砂糖の需要をいっそう呼び起こしたのである。カリブ海域の砂糖生産は、ますます勢いを加えた。

ポルトガルと日本

鉄砲を日本に伝えたのは、ポルトガル人である。ポルトガル人が種子島《たねがしま》に初めて来たのは一五四二年である（村井章介《むらいしょうすけ》説。従来の一五五三年説は誤りという）。ポルトガル人は翌年にもまた種子島にきて、「銃底の密塞《みっさく》技術」（銃身の底を塞《ふさ》ぐ方法。ネジを利用する）を伝え、これによって鉄砲（種子島銃）の現地生産が始まった（鉄砲は、おそらくは倭寇《わこう》の手によって、他のルートからも伝わっていて、種子島以外の地でも生産が進んだ）。

かれらを乗せてきた船（中国式のジャンク）は、二度とも中国人海商・王直《おうちょく》のものであった。かれは一五四〇年から五、六年間、日本・暹羅《シャム》などの国に行き来して、交易に従事したあと、中国人の倭寇《わこう》集団に加わった人である。種子島に来たポルトガル人はシャム（のちのタイ）のアユタヤから、王直の船に便乗して浙江《せっこう》省沿海に行き、密貿易に参入しようとしていたが、嵐にあって種子島に漂着したのである。

その後、ポルトガルは日本へも進出してきた。日本の戦国大名の側では、貿易を求めていて、そのための条件とみなされたキリスト教の信仰を受け入れたのである。ポルトガルは、信仰を受け入れた大名（キリシタン大名）の領国《りょうごく》では、日本在来の信仰を打ち砕こうとして、神社《じんじゃ》仏閣《ぶっかく》を破壊した。ポルトガルの貿易品の中心はやはり武器であった。また、日本人を奴隷として引き連れていくこともよくあった。このようなポルトガルのやり方には、秀吉《ひでよし》の時代から反発が強まっていった。

ただ、日本との貿易は、武器以外ではポルトガルの商品ではなく、中国の商品が持ちこまれた。中国の澳門《マカオ》に拠点を得たポルトガルは、日本に向けて、中国産の白絹《しらぎぬ》・金・麝香《じゃこう》・陶磁器を買い付けて運び、日本からはもっぱら銀を受け取った（日本銀は中国に渡ったことになる）。長崎の小大名・大村氏《おおむら》（キリシタン大名）は、一五八〇年に、ポルトガルに土地（今の長崎市あたり）を提供した。ポルトガルは日本の地に自らの領地を得たのである。しかし、これは七年後の一五八七年に、秀吉が撤収した。

ポルトガルは、その日本進出のころは本国が衰退していて、長崎に土地を得たその年に、隣国のスペインに併合されたし、その後しだいに、アジア全体から撤退していった。

スペインのマニラ進出

スペインのアジアとの接点は、フィリピンから開かれた。「世界一周」で名を残したマゼランの一行が、南米から太平洋を渡って、このフィリピンに到達した。マゼラン（スペインの船団であるが、かれはポルトガル人である）自身はこの地で死んだが、生き残った数人が故国に戻った。一五二一年のことで、世界一周の成立である。

それでも、フィリピン諸島を新大陸と確実に結びつけることに成功したのは、そのずっとあと、レガスピの遠征隊だった。一五六五年に、セブ島の首長と和を結んで、その地に根拠地を築いた。レガスピは、太平洋を横断して南米に帰る航路の発見に成功した（南米からフィリピンに向かうのは、もともと問題はなかった）。この帰路の発見が、三〇〇年以上にわたるスペインのフィリピン諸島支配の始まりとなったのである。

その後、スペインの根拠地は、ポルトガル人の妨害や、現地住民との対立などからいろいろと移っていくが、最終的に、一五七一年にルソン島のマニラに根拠地を移した。マニラ市の設立を宣言し、条例を公布し、立法権・行政権・司法権をもつ「市会」を設定した。これがスペイン領フィリピン諸島の首府となったのである。フィリピンの名は、スペイン国王のフェリペ二世にちなむ。このマニラが、太平洋を隔てたヌエバ・エスパーニャ（新スペインという意味。メキシコを中心とする）副王領の都市・アカプルコと、ガレオン船（スペインの大型帆船）で結ばれることになったのである。

スペイン人の期待どおりに、マニラには周辺各地からの商人が訪れていたし、スペインが進出した後も変わらなかった。シャム、カンボジア、ポルトガル（マルク諸島、マラッカ、ブルネイから）、中国、そして日本などからの商人である。

なかでも中国商人は、食料をはじめあらゆる物資をもたらし、スペイン人の日常生活を支えるようになった。マニラは、新大陸からの銀と、中国のもたらす奢侈品《しゃしひん》（生糸、絹織物、陶磁器など）とを中継する基地になったのである。中国は銀を欲していたので、新大陸の銀は中国に持ち帰られる。これを「マニラ・ガレオン貿易」という。

こうして、当時のマニラは、中国の福建《ふっけん》と、太平洋を隔てた新大陸の市場をつなぐことに特化した交易都市となったのである。中国はこのころ「海禁政策」を解いたから、多くの中国人がマニラにやって来た。日本人町もできた。

琉球への甘藷の伝来

これまで、南米原産の甘藷《かんしょ》（サツマイモ）が、どのルートを通って中国に伝わったかについて、いろいろな議論があったが、その中にフィリピン（マニラ）経由論もあった。比嘉武吉《ひがたけよし》『甘藷の文化誌』（一九九八年）や、真栄平房昭《まえひらふさあき》「近世初期のルソン交流史を探る」（共著『薩摩・奄美・琉球』二〇〇四年のうち）や、金城鉄男《きんじょうかねお》『沖縄 甘藷ものがたり』（二〇〇九年）などである。このガレオン貿易のことを考えると、甘藷は、南米－フィリピン－中国というルートで伝わったとの説が有力のように思えてくる。南米とアジアをつないだのはスペインだからである。それが中国経由で琉球にも伝わったのであり、それは一六〇五年のことであった。

日本の「鎖国」体制とポルトガル・オランダ

最も早く日本に進出してきたヨーロッパ勢力はポルトガルであった（信長《のぶなが》のころ）。それへの対応は、当初は武器などの持ち込みを歓迎する面もあったが、次の秀吉《ひでよし》や家康《いえやす》の時代に、まず「禁教」（キリスト教布教の禁止）という形をとった。そして家光《いえみつ》の時代、一六三四（寛永《かんえい》一一）年に、日本への渡航が禁止され、一六三九年に「ポルトガル船の来航禁止令」が出る。日本人の異国への渡海については、一六三四年に禁止され、翌年に全面的な禁止となる。これらを「鎖国令《さこくれい》」という。ポルトガル人には布教も貿易もさせない、日本人には海外渡航も武器の輸出も認めない、ということである。

「鎖国」という言葉はずっと後の一九世紀ころから使われるようになったが、実態は「国を鎖《とざ》す」ということではなく、対外と関係を持つことを諸藩には認めないで、幕府だけが持つということである。幕府による対外関係の独占であった。幕府が持った唯一の窓口が長崎の出島《でじま》だった。しかしそのほかに、幕府が直接は関わることなく、北海道（当時は蝦夷地《えぞち》といった）以北とは松前《まつまえ》氏に、朝鮮とは対馬《つしま》の宗《そう》氏に、琉球とは薩摩の島津《しまづ》氏に、それぞれ委ねていたから、あわせて「四つの口」が開かれていたとされる。

長崎の平戸《ひらど》島は、一五四一年に、王直《おうちょく》（鉄砲伝来に関わった、あの王直）に誘導されて到来したポルトガル人が、日本での貿易に従事した所である。王直自身も住んでいた。そこにオランダ人やイギリス人もやって来て、同じく貿易の拠点とした。

一六三四年にポルトガル人を隔離するために、長崎の一角を埋め立てて出島が設けられ、貿易はこの場所だけに限られた。しかし、五年後にはポルトガル人そのものが追放される。そして一六四一年、平戸のオランダ商館が閉鎖されてここに移され、貿易国はオランダに限られた。オランダは、キリスト教国であっても、ポルトガルのようなカトリックではなくプロテスタントであり、布教はしないと約束した。当時のオランダは、軍事・経済・情報のそれぞれの分野で、世界最強の国であった。また、貿易だけでなく、各地・各国の時々の情報を幕府にもたらした。それを日本側が記録したものを「オランダ風説書《ふうせつがき》」という。

なお、長崎では、中国人の貿易も認められていて、かれらの居住地・唐人屋敷《とうじんやしき》もあった。特に清《シン》朝になって中国船の来航が増加して、オランダとともに、日本からの金銀の流出対策が課題となっていった。

日本では古くから養蚕が営まれ、生糸が生産されてきた。それでも良質の生糸は、中国からの輸入に頼っていたのである。ポルトガルは、すでに見たように、ポルトガルの産品で日本との貿易をしていたのではなく、日本には主に中国の生糸を届けていたのである。その日本への輸出量は、年間六万～一五万キログラムに達していた。鎖国が実施される一六三〇年代には、日本の生糸輸入量は年間一八万～二四万キログラムにのぼったという。絹織物ではなくて原料の生糸が輸入されたことをみれば、国内で絹織物業が発展していたことが分かる。これは、絹織物生産の先進国であった中国から、織機《しょっき》を導入したり、技術者を招いた結果だった。中心地は京都である。

この時代、一六〜一七世紀には、生糸輸入の対価は、主に銀であった。このことは、日本の金銀の生産量が大きかったこと（スペインのアメリカ大陸での銀生産に次ぐ）、日本での金の評価が低かったこと（金と銀の交換比率が銀に有利）からそうなったのである。それは、日本には、貴金属以外に、外国にとって魅力的な物産が少なかったということでもある。

砂糖の輸入と国産

なお、オランダ（その植民地インドネシア）や中国からは、砂糖も輸入されている。その前に、ポルトガルも一六世紀の半ばから、中国産や南アジア産の砂糖を持ち込んでいたし、また、かれらの砂糖菓子であるカステーラ、ボール、カルメル（キャラメル）、アルヘイ、コンペイ（金平糖《こんぺいとう》）なども もたらしていた。

一七世紀半ばの長崎には、年当たり、中国から約四〇〇万斤（二四〇〇トン）、オランダから約七〇万斤（四二〇トン）の砂糖が輸入されている。オランダは、インドネシアに拠点を得ていて、そこで砂糖を生産させていたのである。

一八世紀初頭（一七一一年）には、中国船によって、年当たり、約四四七万斤（二六八五トン）の砂糖が輸入されているが、内訳は白砂糖一七三万斤（一〇三六トン）、氷砂糖一一万斤（六六トン）、その他となっている。これにオランダ船の分を加えると約五八七万斤（三五二三トン）となる。

このような中で、砂糖の国産化の取り組みが始まる。一六九七年刊行の宮崎安貞《みやざきやすさだ》『農業全書』が、砂糖を含めた諸物産の国産化の必要を説き、八代将軍吉宗《よしむね》によって具体化される。いわば実験農場を設けて、琉球から取り寄せたサトウキビの苗を試植させた。これに呼応して、各地で試作が進められた。それでもその成果が見られるようになるには、ほぼ一九世紀を待たねばならなかった。その主な産地は、讃岐《さぬき》（香川）と阿波《あわ》（徳島）であった。「和製白糖」、「和三盆《わさんぼん》」などといわれた。

他方で、琉球と、薩摩藩下の奄美諸島での黒糖生産が見られるようになっていった。これらを合わせて、砂糖の生産はほぼ自給状態に達したが、それは幕末のことであった（琉球での砂糖生産については第8話で述べる）。

台湾の歴史と砂糖

ここで台湾に目を向ける。琉球列島の南西端に連なっていて、中国本土から隔たっているのが台湾である。この時代にはまだ琉球と台湾の関係はほとんどないが、そのうち関係が出てくること、またヨーロッパ勢力の日本進出に関わっていること、砂糖の歴史に絡んでいること、この三つの点から、この時点でのその歴史を見ておきたいのである。

台湾には今も「原住民」と呼ばれる人びとがいる。当人たちも「原住民」だと主張する。この人びとはマレー系の人種に属していて、南の方からやってきた。しかし、同じ土地から来たのではないので、一〇を超えるグループがある。農耕民族ではなく、主に山地に住んでいる。一七世紀に入るまで、台湾は彼らのみの住む島であった。

これに対して中国人の台湾への移住はずっと遅れた。中国本土（福建《ふっけん》）と台湾の間にある澎《ほう》湖《こ》諸島は、元《ゲン》の時代（一四世紀）に中国の版図《はんと》（領土）に組み込まれたが、明《ミン》の時代（一五世紀）には放棄される。明はそこが海寇・倭寇などの拠点となることを恐れたのである。

そこに、ヨーロッパ人が関わり始める。台湾をFormosaという名で呼んだのはポルトガル人で、「美しい島」「美麗島《びれいとう》」という意味である。しかし、ポルトガルは台湾に拠点を設けてはいない。スペインは、中南米からやってきて、フィリピン（マニラ）に拠点を築いた。そして、中国との交易を展開した。「マニラ・ガレオン貿易」という（先述）。中米から銀を持ち込んで、中国の奢侈《しゃし》品・生活物資と交換した。スペインは、そのフィリピンの安全を確保するため、台湾の占領をも考えていた。

具体的に行動したのは、オランダであった。オランダは、一六二二年に、ポルトガルの根拠地である澳門《マカオ》を攻撃したが失敗して、代わりに澎湖諸島を占領した。しかし、明の攻撃を受け、台湾への撤退を迫られ、明の商船と貿易することを条件に、台湾に移る。一六二四年に、オランダは、台湾南部・高雄《コーシュン》（たかお）にゼーランディア（ゼーランジャ）城（今の安平古堡《あんぺいこほう》）とプロヴィデンツィア（プロビンシャ）城（今の赤嵌楼《せきかんろう》）を建設した（「城」ではなく「砦」とする人もいる）。これに対してスペインは、一六二六年に台湾北部・基隆《キールン》を占領し、二九年には淡水《ダンシュイ》（たんすい）を占領した。そして、中国人の台湾移住を促した。しかしオランダは、一六四二年にスペインを降伏させた。

オランダが対日貿易品として重視していたのは、鹿皮《しかがわ》と砂糖だった（鹿肉は中国大陸に送られる）。鹿の狩猟は原住民に依頼していたが、かれらは限られた頭数しか捕獲しないため、のちには中国大陸人（漢人）を呼んで、捕獲させた。

サトウキビと砂糖は、台湾ではまだ作られていなかったが、日本向けの商品として重視されるようになり、これも中国人を呼んで、生産させた。こうして、中国人の移住を進めていくなかで、その人びとに食料を供給する必要が出てきて、水田耕作も奨励していく。台湾を「中国人社会」に変えていったのは、オランダだったのである。一六五〇年代末には、中国人移民は一〇万人前後に達したといわれている。

オランダの前に、漢人が台湾に拠点を築いていた。鄭芝龍《ていしりゅう》である。かれは、もともと中国大陸沿岸部に拠点を持った貿易商人であり、時に武力を行使する海賊でもあった。鄭芝龍は、初め、同業の顔思斉《がんしせい》の配下にあったが、二六人の仲間とともに、一六二一年に台湾西部のほぼ中間点（北港渓）に漂着した。これが中国人の台湾定住の初めである。そこに中国本土からも人を呼び込んで、一〇集落、三〇〇〇人以上の勢力を作った。そこを拠点に、台湾海峡を通る船を襲ったのである。

そして、大陸への進出を狙って、時に、金門島《きんもんとう》・厦門《アモイ》・広東《カントン》などを攻めた。また、台湾に中国本土から、凶作に悩む貧民などを呼び込み、荒れ地を開墾させた。しかし、芝龍の拠点は福建にあった。明《ミン》を攻めて優位に立ちつつあった清《シン》は、鄭芝龍の力を頼み、海賊征伐を委《ゆだ》ねた。芝龍はそれに応じながら、実は、自らの敵対勢力を倒して海の覇権を握り、関税の徴収権をわが物にしたのである。

これを非難する鄭成功《ていせいこう》（母は日本人。父・芝龍は一時日本に住んでいた）は、父と縁を切って、清と戦い続ける（抗清復明《シンミン》）。拠点は大陸の厦門と金門島である。鄭成功は、その後、反清闘争の拠点を台湾に求め、一六六二年にオランダ勢力を台湾から追い払う。鄭成功はその年に亡くなったが、続く鄭氏勢力は、大陸から中国人を大量に移住させて、台湾の開発を進めた。しかし作ったのは、もはや砂糖ではなく、食糧の米であった。

鄭成功は、明の皇帝から「国姓」の「朱姓」をもらった。そのことは、日本では、かれを主人公にした近松門左衛門《ちかまつもんざえもん》の浄瑠璃《じょうるり》「国性爺合戦《こくせんや》」が上演されて、広く知られている（近松は「姓」を「性」としている）。

しかし、結局は一六八三年に鄭氏勢力は滅亡した。それまでのほぼ二〇年間は、台湾からの貿易船は、ひんぱんに日本にやってきた。鄭氏の滅亡は、清の建国過程で強大な反対勢力になった鄭氏を、「遷海令《せんかいれい》」（徹底した航海・貿易の禁止と、沿海住民を内陸の土地に強制移住させる）によって貿易面から圧迫していき、最終的には武力で降伏させたのである。そのうえで、清朝は、新たに台湾に移住することもきびしく制限した。一六八四年には、福建省が管轄する「台湾府」を設置する。「台湾」の名はこのとき付けられた。

「近代世界システム」

ウォーラーステインによる議論で「近代世界システム」というのがある。日本では角山栄《かどやまさかえ》、川北稔《かわきたみのる》らが支持し普及している。川北は、ウォーラーステインの『近代世界システム』（Ⅰ・Ⅱ）の訳者であり、『史的システムとしての資本主義』の訳者でもある。

これは、中世ではなく近世・近代の、政治ではなく経済の、システムである。したがって、資本主義的な「世界経済」のシステムである。世界経済は、「中核」となった国と、その支配に組み込まれた「周辺」（辺境）とで構成されていて（その中間の「半辺境」もある）、その構図はなかなか根強く、いったん「周辺」に組み込まれた地域・国家は、そこから抜け出ることができない。たとえ、政治的に独立を勝ち得たとしても。

「中核」の中のトップが「覇権国家」で、最初にそうなったのはオランダであった。一七世紀中頃のことである。それがイギリスにとって代わられたのは一八世紀中頃である（それは二〇世紀初頭まで続き、ここでアメリカに移るが、それもベトナム戦争終了、つまり一九七〇年までである）。このように、「中核」の中で「覇権」を手にした国は常に一国である。しかし、オランダの「覇権」の時代にも、イギリスやフランスも「中核」の側にあった。「覇権国家」は、国内の生産（農業・工業）を優位に進めるとともに、対外的な商業関係に進み、さらに世界の金融をも把握するようになる。

他方の「辺境」に位置づけられる地域・国家は、数多くあって、中南米、インド、東南アジアなどに存在する。それらの地域・国家は、それ自体で「自立」した経済を構成することはなく、例えば「モノカルチャー（単一作物）」経済とされている。つまり、砂糖と若干の食料生産はするものの、他の、多くの必要物資を外部世界（「中核」の諸国）に依存せざるを得ない構造になっているのである。

このような、「中核－辺境」という構造は、それぞれの経済のあり方が、「中核」は「辺境」に、また「辺境」は「中核」に依存する、依存しあうものであるから、一方だけが変化することはできない。

このような「近代世界システム」は、ヨーロッパ内部の抱えていた社会の閉塞状況、生産の停滞、封建社会の危機がまずあって、それをヨーロッパ内部で解決することができず、「大航海時代」を生み出し、世界を自分中心の分業体制に編成したことによって、生まれたものである。それはまず、西ヨーロッパ諸国が、東ヨーロッパを「周辺」とし、さらに進んで中南米を「周辺」としていく過程であった。

この時代、中国を中心とするアジア世界は、他に求めるものはなく、いわばアジア自体で「自立」し、「自己完結」していた。また、いわゆる中東を中心とするイスラム世界も、同様であった。そこで、他に求めて動き出したのは、ヨーロッパの方だったのである。先鞭《せんべん》を切ったのはポルトガルとスペインだったが、しだいにオランダ、イギリス、フランスに席を譲り、自らは撤退していった。

ここで砂糖をめぐる「三角貿易」の構造を描いておきたい。イギリスは、自らの雑貨や武器をアフリカに持ち込んで、そこで奴隷を手に入れる。その奴隷をカリブ海域に運んで、プランテーションの労働力として使う。生産された砂糖を本国に輸入する。また、砂糖の副産物であるラム酒も、輸入したり、他の地域に販売したりする。

イギリスの「生活革命」と「産業革命」

イギリスは、カリブ海に進出する一方、アジアではインドを拠点とした。そこで綿織物を支配し、本国に輸入した。その綿織物はキャラコ／キャリコといわれ、肌触りの良さと、染色の容易さなどで評判をとり、イギリス国内に大いに普及した。「インド熱」という。それは、イギリス在来の厚手の毛織物にとって脅威となったので、輸入を禁止した。しかし、植民地インドの商品は売らねばならないので、隣の国々に売り込んだ。すると、またフランスなどでも「インド熱」が起こった。そこで、イギリスが取った対応は、自らキャラコを製造することとし、インドは棉花の供給地に押し下げることだった。折からの「産業革命」がそれを可能にした。インドの綿織物は、手工業生産だったことで競争に敗れたのではあるが、それだけでなく、武力を使ってインドの織り手たちに肉体的な打撃を加えてもいる。ここに、中核イギリスと、周辺インドという構図が成立した。

この時代は砂糖の需要が増大した。コーヒー（アラブ原産）、カカオ（ココアやチョコレート。南米原産）、茶（イギリスでは砂糖を加えて飲んだ。中国原産）などが、広く庶民にも普及した。これらと砂糖の消費が結びついていた。砂糖はカリブ海域から運ばれてくる。綿織物や砂糖などの普及によって「生活革命」が起こった。コーヒーハウスが各地にできて、人びとは寄り集まり、議論し、情報を交換し合った。紅茶は女性を主にして家庭にも広がった。新しい時代への胎動であった。

注意すべきことは、カリブ海域での砂糖プランテーション経営と、そこでの資本の蓄積と、「生活革命」「商業革命」を前提として、それらが先行することによって、はじめて「産業革命」が起きたということである。「革命」とはいっても、この場合は一気にではなく、一八世紀半ばから一九世紀にかけて、ゆっくり進行した。生産の機械化である。その結果、イギリスをはじめとして、ヨーロッパ諸国は、強大な経済力を得て、日本を含むアジアに進出して来て、世界史は「近代」に入っていくことになる。

第4話

武士ではなくサムレー

琉球には武士は生まれなかった。そもそも武士というものは日本史に特徴的なもので、中国やヨーロッパにも生まれなかった。

近世に入って八〇年後の一六八九年になると、「系図座《けいずざ》」という役所が置かれた。これによって、系図を持つ者（系《けい》持《もち》）を「士《サムレー》」、持たない者（無系《むけい》）を「百姓」とされた。サムレーは、日本の「侍」という語を元にしているが、武士ではない。それは、武装しておらず、王府に勤める役人（文官）である。

かれらは役にともなう給与である「知行《ちぎょう》」「役知《やくち》」を受け取り、別に地方《じかた》（間切《まぎり》・島・村）の土地を「領地」として与えられるという。しかし、その実際はそこの「領主」になるのではない。「与えられた」その土地を「経営」することはなく、それはそこの地方《じかた》役人に委ねられている。そこから何がしかの報酬を得るが、そこの行政には関与しないといっていい。

この点も、日本史と琉球史の大きな違いである。

間切の一覧

島尻	真和志、小禄［以上は那覇市］、豊見城、南風原、兼城、高嶺、真壁、摩文仁、喜屋武［以上は糸満市］、大里、玉城、知念［以上は南城市］、佐敷［佐敷町［南城市］＋与那原町］、東風平、具志頭［以上は八重瀬町］。
中頭	西原、浦添、宜野湾、中城［中城村＋北中城村］、北谷［北谷町＋嘉手納町］、読谷山［読谷村］、越来［沖縄市］、美里［石川市［うるま市のうち］＋沖縄市の一部］、勝連、与那城、具志川［以上はうるま市］。
国頭	恩納、名護、久志、羽地［以上は名護市］、金武［金武町＋宜野座村］、本部［本部町＋上本部村。のち本部町］、今帰仁、大宜味、国頭。
久米島	具志川、仲里［以上は久米島町］
慶良間島	渡嘉敷、座間味
宮古島	平良、砂川《うるか》［城辺町］、下地、上野、伊良部［以上は宮古島市］、多良間［多良間村］
八重山島	大浜、石垣、宮良［以上の3つは石垣市と大浜町と竹富町に配分されていた。その後、石垣市と大浜町は合併して石垣市になって、石垣市と竹富町になっている］、与那国［与那国町］

（出典）「沖縄旧慣地方制度」（琉球政府編『沖縄県史』21・旧慣調査資料、1968年。初出は1893年）によって作成した。

地方制度

先に「間切《まぎり》」について説明しておく。間切は、近年の合併前の市町村に当たる範囲とほぼ一致していた。沖縄本島には、首里、那覇四町《よまち》、久米《くめ》村、泊《とまり》村（これらは間切とはいわない）のほかに、三五間切が設けられていた。離島には、久米島《くめじま》（二間切）、慶良間《けらま》島（二間切）、宮古島（四間切）、八重山島（三間切）があった。それぞれの属島も含む。

このほか、「島」という行政区画があり、伊江島《いえじま》、伊平屋《いへや》島

(伊是名島《いぜな》を含む)、粟国島《あぐに》、渡名喜島《となき》がそうである。島嶼《とうしょ》/離島という意味ではなく、行政区画としての「島」である。この島も、それぞれの属島を含む。

そして、これらの間切・島の中にいくつかの「村《むら》」があった。村は、間切の中の集落(現今の字《あざ》)に当たる範囲をいう。間切の一覧表を示す。[　]内に現在の町村名を入れた。

系図によるサムレーと百姓の区分

日本の近世社会では、被支配階級は農・工・商の階層に分かれていたが、琉球の近世社会では、商人はほとんどおらず、手工業従事者も限られていた。その手工業者の多くは、王府の注文に応じて製作していて、いわば「公務員」だった。その他は農耕・漁労に従事する人びと(百姓)である。系図座ができてからは、系図がないという意味で「無系《ムチー》」といわれた。

田名真之《だなまさゆき》「士族・町方問題と蔡温」(田名『沖縄近世史の諸相』一九九二年。初出は一九八四年)は、サムレーと百姓という身分の区分が成立する経過について、次のように述べている。「近世初期の社会は、端的にいえば被支配層として百姓がおり、支配層として位衆《くらいしゅう》がいた」。位衆の系譜は、①「中央(町方)にいて王城《おうじょう》や諸役所に勤める者」、②「王府から地方(=田舎《いなか》)に派遣されて地方支配に従事する者」があった。当初、両者は身分的には「同列」であった。これが「一七世紀中葉の羽地朝秀《はねじちょうしゅう》代になると、…実質的にも町方と田舎に一線が画されていく」。そして一六七〇年に、「系図（家譜）提出が命ぜられた」。これは「士身分をかつての位衆全体から王府への仕官者へと限定し…ようとしていたことを示すものであろう」。さらに一六七九年に「系図改正の事業」があり、「一六八九年には諸士に対して二度目の家譜提出が命ぜられた」。これは「系図座」の設置とも対応し、「家譜そのものも、各系統ごとに姓や名乗《なのり》頭《がしら》字が決定され」（例えば羽地朝秀の「朝」がそれである）、しかも「五年ごとの仕次《しつぎ》（継ぎ足し）が規定され」て、「家譜の永続性を確認した」。それは「士身分の固定化を意味するものとなった。つまり、家譜を有する者は士身分＝系持《ケームチ》、無い者は百姓＝無系《ムチー》という図式が成立したのである」。そうすると、かつての位衆のうち外された人びとは、自分たちにも「家譜の編集許可を与えるよう」に願い出た。一七一二年にそれを許可したため、「第二次の編集事業が行なわれ、新たな士族層が誕生するとともに、近世の身分制もようやく確固たるものとして成立したのである」。

サムレーの世界

サムレーという身分にはまず、「国王」を別として、「王子《ウォージ》」・「按司《アジ》」・「親方《ウェーカタ》」がある。東恩納寛惇《ひがしおんなかんじゅん》「旧琉球の階級制度」（一九〇八年）および東恩納『琉球の歴史』（一九五七年）は、これらを「貴族（大名方《デーミョウガタ》）」としている。「だいみょうがた」の訛《なま》りである（東恩納はローマ字で表記しているが、ここではカタカナにして紹介する）。比嘉春潮《ひがしゅんちょう》『沖縄の歴史』（一九五九年）も、共編訳書『沖縄の犯科帳』（一九六五年）での比嘉の「解説」も、これらを「大名」としている。これらの文献と、田名「近世地頭制に関する一考察」（前掲書）によって、以下のことを記す（東恩納は「士族」と書いて「サムレー」との読みを付けている。田名は「士族層」といい読みを付けていないが、「士族《しぞく》」という表現は、日本にも琉球にもなかったし、明治に入って旧武士たち／武士で無くなった者たちをそう呼ぶようになったものでしかないので、ここでは「サムレー」ということにする）。

王子は、「国王を家長としている血族」につけられた名である。具体的には「王叔《おうしゅく》」と「王子弟」である。按司（アジ／アンジ）は、その王子の二代目以下の人びとである。「〈あんじ〉とは 支配すると言ふ意味の古代琉球語で」ある（東恩納）。按司は「按司地頭」になる。親方《ウェーカタ》は「地頭《じとう》」になる。地頭には「総地頭」（「惣《そう》地頭」とも書く）と「脇《わき》地頭」がある。按司地頭と総地頭は間切に対応し、脇地頭は間切内の村々に対応している。総地頭になる親方は大名《デーミョウ》で、脇地頭は士《サムレー》である。

大名は、二代目または三代目以降になると、「王子」は按司に、「按司」は親方に、「親方」はサムレーへと降りていく。「逓下《ていか》の制」あるいは「逓減《ていげん》の法」という。按司の子でも次男以下はサムレーになる。王子は一代限りで、その子は按司になる。按司の長男は按司になるが、二代、三代と、代が下るにしたがって、「知行《ちぎょう》高」や「領地」はしだいに減っていく。六代目には四〇石となり、七代目には「領地」も召し上げられる。

親方という文字は、「ウェーカタの借字」である。もともとは「おえか・た」で、「おえか」は「お役」のこと、「た」は「達《たち》」、すなわち「複数形」である（東恩納）。「役人たち」の意味だったが、音から逆に「親方」の文字を借りたということである。

親方の名は一代限りだが、その子孫は親方家として「領地」を与えられ、役職によって総地頭または脇地頭となる。総地頭は間切の中の総地頭地を、脇地頭は村の中の脇地頭地を「領地」として与えられる。親方も、代が下るにしたがって「領地」が減っていく。

すでに見たことであるが、「士」は、琉球では「シ」ではなく「サムレー」と読む。日本の「侍」を言葉としては引き写しているが、それとは異なり、武士ではない。サムレーは、女性にも使われる（『沖縄語辞典』）。サムレーはまた、「ユカッチュ」とも呼ばれた。漢字を当てれば「良人・良衆」となる。身分や境遇の良い人という意味であろう。九州弁の「良《よ》か衆《しゅ》」に似ている。

サムレーの数はしだいに増加していくが、そのなかで職に就《つ》けない人びとが増加していくという問題が出てくる。そこで、サムレーが農業・商業・細工《さいく》（手仕事）に従事することは、原則禁止だったが、一八世紀ごろから許されて、町方で商業や細工に従事することもできた。

また、サムレーが田舎に住んで農耕に従事することも許されていく。かれらの多くが給与の支給を受けない人びとだった。このような人びとの集落を屋取《ヤードゥイ》といった。「宿り」という意味で、定着するつもりはなく、いずれは首里・那覇に戻る日の来ることを念じていた。

田名真之は、「身分制―士と農―」（琉球新報社編『新 琉球史』一九九〇年のうち）で、次のように述べている。「彼ら屋取人は、地割地配当の対象外であって、耕地の保証はなかったが、百姓地や請地《うけち》、払請地《はらいうけち》を叶《かのう》がけし、仕明地の耕作をなすなどして生活を営んだ。一般の百姓より劣悪な条件の中での暮らしであった」。「叶がけ」（叶掛け）とは、小作のこと、「仕明地」は開墾地である。田名はいう。「こうした屋取人たちが、地元に溶け込むことはほとんどなかった。屋取人の面子《めんつ》、百姓側の一種の優越感は互いの意識に壁を築いた。たとえ身形や暮らし向きは百姓同然であっても士としての格を保とうとする屋取人、その屋取人に言葉遣いを始め一々気を配らなくてはならない百姓、互いのテリトリーを守り交渉を避けたのは当然であったろう」。

サムレーの数は、明治六年の史料（「琉球藩雑記 三（家禄・官禄）」の中の「琉球藩臣家禄記」、『〔旧版〕沖縄県史』第14巻）によれば二万二九二九戸、うち「有禄」者（給与を受ける者）はわずかに三三九戸しかなく、圧倒的多数は「無禄」である。また、有禄者のうち永世禄は八五人、他は禄が逓減《ていげん》する。

百姓の世界

間切《まぎり》・村《むら》に住み、そこの「経営」を任されているのは地方《じかた》役人である。かれらは身分的には百姓である。

間切の役人には、次のような役名があった。上の方から順に、地頭代《じとうだい》（ジトゥデー）一人、夫《ぶ》地頭（ブジトゥー）二〜三人、首里大屋子《おおやこ》（スイウフヤクー）一人、大掟《おおおきて》（オーンチ）一人、南《は》風《え》掟（ハエンチ）一人、西掟《にし》（ニシンチ）一人である。沖縄では「北」のことを「ニシ」というので、西掟は「北掟」の意味である。他に、俸給のない役職として、総耕作当《そうこうさくアタイ》、総山当などがあった。「掟」はウッチ、「当」はアタイと訛《なま》る。

「奉公人」というのは、このような地方役人の、別名である。元来身分は百姓すなわち「地《じ》人《ひと》（ジーンチュ）」だった。かれらは、農村で文字の読める唯一の有識者であり、指導者だった。筆算（読み書き算盤《そろばん》）の能力は、必ず求められる条件であった。その能力は、少年時代に、首里に住む按司地頭の「御殿《おどの》（ウドゥン）」や、総地頭の「殿内《とのうち》（トゥンチ）」に「仵者《こもの》」として奉公している間に身につけた。そこで数年奉公した後、間切の番所に入って「文子《てくこ》（テクグ）」となり、しだいに役職が上がっていき、ある者は地頭代にまで推薦《すいせん》されていった。仵者自体を筆《ひっ》算人《さんにん》または奉公人とも言った。

一般の百姓は、町（首里・那覇四町・泊村・久米村）に住む「町方百姓《まちかたひゃくしょう》」と、それ以外の「田舎百姓《いなかびゃくしょう》」に分かれる。田舎百姓は、農耕民ないし漁労民である。とはいっても、農耕民も漁労に従事するし、逆もあるので、その区別はできない。

なお、身分の違いによって、衣服・かんざし（簪）・はちまき（帕・八巻・冠）・住居・墓について規定があり、きびしく区別されたといわれる（東恩納寛淳。また田名真之「身分制―士と農―」前出）。

日本の「知行」「領地」

ここまでに、「知行《ちぎょう》」とか「領地」という言葉が出てきた。しかし、これは日本の「知行」や「領地」とはまったく意味が異なる。このことを指摘したのは、安良城盛昭《あらきもりあき》（『新 沖縄史論』一九八〇年、初出は一九七七年）である。「この知行制度は、一見 地方知行《じかたちぎょう》のようにみえながら、知行高が具体的に一定の耕地に特定されていない点で 地方知行一般と異なり、その知行高についても逓減制《ていげんせい》をともなう琉球独自の石高制にもとづく知行制度が成立した」。安良城の主張は、次のことを指摘したものである。①地頭が王府から間切・村に「与えられる」地頭地の制度について、「地方知行一般」（日本の「地方知行」）に似ているが、そうではない。②琉球のこの制度は「知行高が具体的に一定の耕地に特定されていない」。つまり、地頭地は固定されていない。③琉球のこの制度は、知行高が固定されず、逓減していくこともある。

日本での「知行」とは、土地を支配することであり、その土地が「領地」となる。大名などの領主がその領地を支配することが「知行」である。その支配の目的は、その領地から年貢などの貢納物を得ることであり、そのために武力を備えているのが、日本の中世のあり方だった。そして、その土地の居住者（村人《むらびと》、百姓）には、貢納物の上納のほかに、さまざまな労役を課した。「領地を安堵《あんど》する」というが、それはその土地を領主たちが確保していたのを追認したことをいう。このように、その知行地を直接支配しているものを「地方知行」という。

近世になるとしだいに、その意味での知行はやめて、大名などのいわば上級の領主が、中小の領主に俸給を与えるようになっていく（「蔵米知行《くらまいちぎょう》」という）。つまり、地方知行は無くなっていく。

領主たちは、初めのうちは武力による支配者だったが、近世以降は、村人たちといわば契約して、「統治者」（政治家といってもいいだろう）になっていく。その村のために必要なことを引き受けていく。もちろん、他方で、村人たちは、領主の側からの圧力に抵抗し、年貢の収奪や労役の押しつけに対して、制限を設けるように働きかける。このような、両者のせめぎあいの中で契約関係ができていくのである。

琉球での「知行」「領地」

ところが、琉球の近世ではまったく異なっていた。

ここで、田名真之の議論に耳を傾けてみよう（「近世地頭制に関する一考察」、前出『沖縄近世史の諸相』のうち）。田名は、「士族と各間切との関り」についてこう述べている。「士族は王府勤めをし、原則として首里や那覇・泊・久米村の都会地（町方と称した）に住み、地方（田舎間切）に住むことはなかった」、しかし「多くの関係を有していた」と。その例として、①中央に「地方支配に関する役所」があった、②「任地に赴く役職」もあった、③海防のための役人、杣山《そまやま》（王府所有と観念されている山林—来間）を管理する役人もいた、④「各間切には両惣地頭（王子又は按司地頭と総地頭）が置かれたし、各村々には脇地頭が置かれていた。これら地頭層は、間切や村の領主的存在として、領地から収入を得た」、⑤その他。

ここで問題になるのは「領主的存在」という表現である。田名はそのことを次のように説明している。「両惣地頭、脇地頭が間切や村を領したという場合、その意味するところは次の二点が主である。一点目は領主として噯《あつかい》間切［担当間切］、村（領地）から一定の収入を得る権利を有するということであり、二点目は行政上の役職として領地の行政に関することである。／第一点の領地からの収入＝作得《さくとく》であるが、これには二種あり、一つは領地作得、他の一つは作得夫銭《ぶせん》である」。

「領地作得は、領地内に設けられた〈里主所〉=地頭地からの収入をさす」という。しかし、その地頭地は、自ら獲得したものではなく、役職との関連で王府から「与えられた」(というよりは「期間限定付きで与えられた」)ものである。これは「領地」ではなく、かれは「領主」ではない。

「作得夫銭」は、「もともと夫役」だったもので、人びとを年一回とか年二回とか「使役する」権利のことであったが、「夫銭」を納めることになっていった、しかも「銭」ではなく、野菜などの代替物品が納められた、という。これも、性格としては、役職との関連で王府から「与えられた」ものであり、このことをもって「領地」とか「領主」というのは、言語の用法として外れている。

そして「役職としての地頭職」が問題にされている。田名は「近世初期から一八世紀初頭までの総地頭は、役職として本来的な意味において、間切の行政にタッチしていたと考えられる」とする。例示として、①総地頭が「下知《げち》」(指図・命令)が「宜しい」として褒賞されたり、「下知」がよくないとして流刑になったりしている。②本来の総地頭が薩摩に行っている間、「仮総地頭」が置かれている。③老体のため「在番勤め」が困難だとして、「他方の村への地頭職転封《てんぽう》を願い、認められている。④総地頭(蔡温《さいおん》)が「間切人民に対し日常生活上の徳目、心がけを事細《こま》かに記した〈家内物語〉を布達している。

田名は、これをもって「間切の行政にタッチしていた」というのであるが、その「行政」に具体性がなく、真に「行政」の名に値するものか疑われる。そうであるが、田名は、「ところが、一八世紀初頭以降、地頭の曖《あつかい》間切、村に関する権限は次第に縮小されていく」と、それさえもなくなっていったという。

それでも、田名は、地頭が「領地」との関係を断たれたかというと、そうでもない、という。①「領地の地方役人層の子弟の御殿《ウドゥン》・殿内《トゥンチ》奉公がある」。②「地頭代以下 首里大屋子などの選任、ノロの選任などに際し、間切からの推薦状（おかす書）に次書《つぎがき》する立場にあった」。③「間切内の…火の神などへ供物《くもつ》を進める」など「領内の祭祀にも関わっていた」。④「夫役などで領民を使役しての仕明地《しあけち》［開墾地］の開発・耕作」に関わっていた。⑤「領内間切や村への金銭の借し付け［貸し付け］」もしていた。⑥「按司地頭」が「疲弊の甚しい曖《あつかい》間切の再建に自ら間切に詰めて陣頭指揮に当たったといった特殊な例もある」。

関係が絶たれなかったという限り、異議はない。しかし、それは間切・村の「行政」との関係であろうか。このうち、やや「行政」関係かと思われるのは、④と⑥である。④は、「仕明地の開発」すなわち開墾事業に村人を動員し、またその「耕作」にも関与したというのである。このようなことができたのであれば、その仕明地はその地頭の「所領」になっていた可能性がある。そうであっても、それは間切・村の「行政」への関わりとはいえない。⑥は、地頭が「陣頭指揮」に当たれば、間切の「疲弊」が解決するという筋道が分からない。何をどうしたのかという具体性がなければ、これも「行政」との関わりと認めることは難しい。やはり、「琉球近世」の時代を大づかみに捉えれば、地頭の間切・村行政へのタッチは、基本的になかったとしていいであろう。

宜野湾間切の場合

以下、宜野湾《ぎのわん》間切の宜野湾親方《ウェーカタ》を例にとって説明する。数値は明治初期のものである。「琉球藩雑記　三（家禄・官禄）」の中の「琉球藩臣家禄記」（『〔旧版〕沖縄県史』第14巻）による。

宜野湾親方は、首里に住んでいて、三司官《さんしかん》（国王の下で政治を担う最高位の役。三人いる）の一人を務めていた。

この親方は、王府から「家禄《かろく》」八〇石を受け取る（「物成《ものなり》」といって、実際には二六石だった）。また、「領地」（先にも見たように、日本のそれとは違うが、そのことは次に述べる）として、宜野湾間切の中の一部の土地（地頭地）が「与えられ」、そこから得られる収穫物から、二八石を受け取る権利を得ていた。収穫物のほぼ三分の一に当たるとされている。「地頭作得《さくとく》」という。

なお、日本近世では「本途《ほんと》物成」は本来の租税（年貢）のこと、「小《こ》物成」は雑税のことであったが、琉球では意味が異なっていた。

宜野湾間切の例を続ける。宜野湾親方は「総地頭」（惣地頭）であり、その「領地」は「総地頭地」である。総地頭地は、間切全体のことではなく、その中の一部の土地である。そして、総地頭は総地頭地の所有者になるのではない。だから、かれは宜野湾間切の「領主」ではなく、その土地は「領地」でもない。宜野湾間切の「経営」にはほとんど何もタッチしないのである。また、三司官としての官禄（給与）を受け取る。三二〇石である（事情あって、うち五〇石は減額されていて、実際は二七〇石、その物成は八八石だった）。以上の、二六石、二八石、八八石をすべて合計すると、一四二石となる。

このように、「知行」とはいうものの、その「知行地」（間切・村）の支配を任せられるのではなく、その中の一部分の土地、総地頭地の、しかもその収穫の一部を受け取る権利を与えられるというだけのものなのである。

なお、宜野湾間切の総地頭は、あと二人いる。宜野湾里子［里之子《さとぬし》］親雲上《ペーチン》は、首里王府の申口方《もうしくちほう》で吟味役《ぎんみやく》を勤めていて、「官禄」高は二〇石（物成六石余）となっている。普天間《ふてんま》親雲上は、勘定座で屋敷奉行を勤めていて、「官禄」の俸禄は六石となっている。

ほかに「脇地頭《わきじとう》」がいる。これは、間切の中のさらに小さな区分、すなわち「村《むら》」（のちの字《あざ》）の地頭という意味で、それぞれの村に「脇地頭地」があった（「総地頭地」を設定された村には「脇地頭地」はなかったであろう）。この脇地頭たちも、その土地から収穫物の三分の一程度を受け取る権利がある。これも「地頭作得」である。

同じく宜野湾間切の脇地頭の例をあげる。我如古《がねこ》親方は家禄四〇石（物成一三石余）と、領地（我如古村作得四石余）、野村《のむら》親雲上は家禄四〇石（物成一三石余）と、領地（野嵩《のだけ》村作得一三石余）、高良《たから》親雲上は家禄三〇石（物成九石余）と、領地（大謝名《おおじゃな》村作得一二石余）、真志喜《まし き》親方は家禄二〇石（物成六石余）と、領地（真志喜村作得三石余）、嘉数《かかず》親雲上は家禄二〇石（物成六石余）と、領地（嘉数村作得六石余）、城田《しろた》親雲上は家禄一五石（物成六石余）と、領地（神山《かみやま》村作得四石余）である。ここまでは「家禄」と「領地作得」の二つがある。「二方持《ふたかたもち》」である。

以下も脇地頭だが、首里王府での勤めがなく「家禄」がない。「一方持《ひとかたもち》」である。普天間親雲上［前出の同名の者と同一人物カ］は領地（普天間村作得一〇石余）、大山《おおやま》親雲上は領地（謝名具志川《じゃなぐしかわ》村作得五石余）、安仁屋《あにや》［以下の記載欠。親雲上であろう］は領地（安仁屋村作得八石余）、伊佐《いさ》親雲上は領地（伊佐村作得四石余）、喜友名《きゆな》親雲上は領地（喜友名村作得三石余）、安良城《あらぐすく》親雲上は領地（新城《あらぐすく》村作得六石余）である。

ここに「領地」とあるのは、その土地からの「作得」（収入）を得る権利を示している。

このような各村の地頭地は、もともとは地割《じわり》制度の下で百姓地と区分されて、どこそこの田・畑と特定されていたと考えられるが、近世末期には特定されなくなり、百姓地とともに地割され、地頭作得の分だけ、村の収穫から納めるといった例も出てくる。

また、この地頭たちの「地頭地」は、位や役職が変われば、その地頭地から別の地頭地に変

表　「知行」の階層性

石高	400	300	250	200	150	120	80	60	50	40	30	20	15	計
王　子	2													2
按　司		8	1	1	4		9			3				26
総地頭						1	13	1		16	6	2		39
脇地頭							4		4	30	28	32	32	130
計	2	8	1	1	4	1	26	1	4	49	34	34	32	197

（注）「琉球藩雑記 一（人口・戸籍）」の中の「琉球藩職分総計」によって作表した。

わる。例えば、宜野湾親方が、浦添《うらそえ》親方に変わったり中城《なかぐすく》親方になったりする。また、普天間親雲上は普天間の地頭地を与えられていたから「普天間」を名乗っているのであって、これも変更されることがある。それでも、その勤務地が変わることはなく、ずっと首里に住んでいたのである。

　ここで注目しておきたいのは、「知行」といわれるものの額の少なさである。「知行」高は、王子で四〇〇石、按司で三〇〇〜八〇石程度（三〇〇石と八〇石が多い）、総地頭で八〇〜三〇石程度（八〇石と四〇石が多い）、脇地頭は四〇〜一五石程度（八〇石と五〇石も少しいる）である。この、明治初期の史料によれば、王子は二人、按司は二六人である。また、家禄の付く親方は一六九人で、うち総地頭は三九人、脇地頭は一三〇人である。これにはそれぞれ「領地作得」（地頭作得）が付いている。このほか、領地作得のみの親方（脇地頭）が一六三人ある。脇地頭の合計は二九三人となる。

　それにしても、この額がいかにも少ないことは驚きである。これは名目であって、実際にはその三分の一を「物成」として支給

首里王府行政機構図

- 評定所
  - 申口方
    - 平等所（平等《ひら》之《の》側《そば》・吟味《ぎんみ》役）
    - 鎖之側（鎖《さす》之《の》側《そば》・日《ひ》帳《ちょう》主取《ぬしとり》・日帳主取）
    - 双紙庫理（双紙庫理《こり》・吟味役）
    - 泊地頭（泊地頭・吟味役）
  - 物奉行所
    - 所帯方（物奉行・吟味役）
    - 給地方（物奉行・吟味役）
    - 用意方（物奉行・吟味役）

（注）十五人役＝表《おもて》十五人＝上の表のうち、カッコ内の役がこれに当たる。
（出所）嘉手納宗徳《かでなそうとく》、『〔旧版〕沖縄県史』別巻・沖縄近代史辞典の付録により、簡略にして表示した。

されるのである。八〇石とあっても実際は二七石である。「米一石」は一人の年間生活費にほぼ対応しているので、これを二七人分の年間生活費だとみれば、地頭であっても、大変な低水準だったということになる。

日本の近世には、このクラスなら、百姓にもたくさんいた。ある村（総数四一戸）の事例をあげてみる。一〇〇石以上が一戸、五〇〜二〇石が五戸、二〇〜一〇石が四戸、一〇〜五石が七戸、五〜一石が一五戸、一石以下が九戸である。

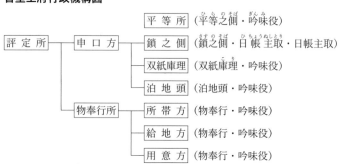

王府の役職

宜野湾親方の例で見たが、一方で、「知行持」は、首里王府内での役職を分担している。按司や親方は「総地頭」でもある。彼らは首里王府の各部局の長官である「奉行《ぶぎょう》」になる。「脇地頭」でも役職に就く人びとがあり、それは副官などの諸役になる。

「役職としては総地頭たる按司・親方は、諸役所の長官たる奉行、脇地頭はその副官たる中《なか》取《とり》及び 政治の中枢部 即ち内閣に相当する物《もの》奉行、申口《もうしくち》座、いわゆる十五人役の重職につくことができる。そして役職に対しては 本来の知行・領地の外に役俸が給される」。「これらの諸地頭が十五人役とか諸座（役所）の奉行などの役職に就くと役知《やくち》が給される。この知行・役知は、すべて所領の間切・村から米・雑穀で直接地頭に納められる」（比嘉春潮『沖縄の歴史』一九五九年）。用語には問題があるが。

第5話
地割という土地制度

琉球の近世社会では、土地は「地割制度」のもとにあった。それはどのような制度なのか。所有と利用の関係はどうなっていたか。何を基準に割り当て、そして割り替えていたのか。この制度は、琉球王府が仕組んだものか、それともそれぞれの地域で自主的に運用していたものか。

日本一般では、地割／割地（薩摩藩は門割《かどわり》という）といえば、水害常襲地帯などにおいて、その被害の受け手を分散させ、結果として公平になるように仕組まれた制度とされる場合が多いが、琉球近世の場合はそれとは異なっている。

これまで、多くの論者は租税制度と関係があるとして議論してきたが、それは論証されたことはなく、ただ「土地制度と租税制度は表裏一体である」という先入観によったものだった。それでは、地割制度とは何なのか。

沖縄県作成「地割制度」にみる実態

一八八三（明治一六）年に沖縄県が作成した「地割制度」は、

上杉茂憲《うえすぎもちのり》県令から岩村通俊《いわむらみちとし》会計検査院長にあてた進達文書（上申書）である。『〔旧版〕沖縄県史』（第21巻・旧慣調査資料、一九六八年）に収録されている。

冒頭で、次のように述べている。「旧藩庁［琉球王府］ニ於テ全ク干渉セザリシヨリ推《お》スヘキハ 藩民［百姓］ノ耕地分配上ノ必要ヨリ生《しょう》セン乎《か》」。つまり、地割制度は王府が指示してできたものではなく、むしろ王府は「まったく干渉しなかった」のであり、百姓たちが自らの必要によって作り上げたものだということである。

「本島各間切 地割ノ事項ヲ村別ニ調査セシ結果ニ拠《よ》レハ 其方法及手続等ニ於テ一徹ニ出《いず》ルモノ実ニ四十《〔ママ〕》［〔ママ〕は県史］ナリ。故ニ、細密ノ点ニ至《いたり》テハ 殆《ほとん》ト各村各別ト云フモ 敢《あえ》テ失言ニアラズトス」。

田村浩《たむらひろし》『琉球共産村落の研究』（一九二七年）は、この文献をほとんどそのまま紹介しているが、そこでは「一徹ニ出ヅルモノ、実ニ稀《まれ》ニシテ」とある。この方が正しいであろう。つまり、「稀ニシテ」が欠けているのである。

つまり、地割の仕方を調べてみると、方法や手続きの同じものは稀であって、細かいことまで見れば、村ごとに異なっている、というのである。

以下、そのことを見ていくことになる。

第一に、地割される土地の種類を挙げている。「地割ヲナスベキ土地ノ種類ハ 概《おおむ》ネ左ノ如シ」として、「甲《こう》 百姓地／乙《おつ》 百姓地［↓地頭地］／丙《へい》 オエカ地／丁《てい》 百姓模合仕明地《もあいしあけ》（間切仕明地、村仕明地等ノ称アリ）／戊《ぼ》 明替畑《あきかえばた》（喰味畑《くいみばた》、小野畑［↓山野畑］、キナワ畑等ノ称アリ。共ニ切換畑ノ類）／巳［↓己《き》］雑種地（蘇鉄敷《そてつしき》、茅《かや》敷、松敷、雑木《ぞうき》敷、竹敷）」を挙げている。「敷」とは敷地、用地のことである。また、「切換畑」とは、森林原野を耕地として使ったりまた放棄したりする、低度利用の土地のことである。「焼畑」もこの類である。

ほぼすべての土地が地割されているということになる。ただ、例外もいくつか指摘している。ある地目の土地を地割から外したり、ある地目の土地に限って地割をする、などである。特に中頭《なかがみ》地方越来《ごえく》間切は「全ク地割ヲナサヾル」、「古来持来《もちきた》リノ土地ヲ永作スル」という。

第二に、「地割ノ年限」について述べている。「地割ハ概《がい》シテ年限アリ　其年限中ハ容易ニ其《その》持地ヲ動《うご》カサス」といい、また「其年限ハ村々一定ナラズシテ全ク随意ニ定マ」るという。これを検討すれば、「殆ト各村各別ナリ」。「毎年地割ヲナスモノ」が、島尻《しまじり》地方兼城《かねぐすく》間切糸《いと》満《まん》村だけにある。また「全ク年限ノ定メナキ村」もあって、必要に応じて皆で「熟議」する。

つまり、何年の間隔で割替えするかをみると、村によってまちまちである。一年ごとに割替える糸満村のようなものもあるが、年限を決めておらず、必要に応じて話し合うという村もある。

第三は「地割ノ配当ヲ受クベキ者」と、「其意向《いこう》ノ変遷」となっている（ここでは「意向」は略する）。「地割ノ配当ヲ受クベキ者」は、「其村内ニ本籍ヲ有スル百姓地［↓百姓］ニ限レリ」。それは「総《すべ》テ百姓 即チ平民」である。「士人《ヨカッチュ》 即チ士族」（ルビは同書）は首里に住むのが原則で、事情あって「村」に住む場合も、土地所有には関与せず、「叶掛《かのうかけ》（小作ノ法）ニヨリ村ヨリ借地ヲ為《な》サ、ル可《べか》ラス」、それは「居住人（寄留人ノコト）」と認められる。

琉球近世では、「士」はサムレーと読み、「ユカッチュ」（良い人）とも言われたが、これは日本の武士とは異なったもので、いわば王府に仕える役人であった。これが明治になって、日本の武士でなくなった人びとと同様に「士族」とされた。同時に、百姓は「平民」とされた（第4話）。

つまり、地割の配当を受けるのは、在地の百姓（地人《じひと》［ジーンチュ］、持地人《もちちにん》ともいう）が基本である。サムレーは地割の配当は受けられないが、例外もあった。

第四は、「一地ノ組成法」である。地割の単位は、坪数ではなく、地数である。「地割上ニ於テハ坪数ヲ云ハスシテ地数ヲ云フ」。その「地《ち》」［ジー］というのは「区若《もしく》ハ組ノ意味ヲ有シ土地割替ニ於ケル標準即チ単位ナリ」。「区または組の意味」というのは、「組合せ」ということであろう。例として「全村ヲ幾十地ニ分《わか》ツト云ヒ又甲家ハ幾地乙家ハ幾地幾分《ぶ》ト云フカ如シ」。その組み立て方は「田畑ヲ混《こん》シテ組立ツルアリ又田畑各《おのおの》別ニ組立ツルアリ」といい、このうち「田畑ヲ混シテ組立ツルニ於テハ田畑共仝時《どうじ》ニ地割スル村ニシテ行ヒ」、田畑をそれぞれ「別ニ組立ツル村ニアリテハ地割モ各別ニ行フモノナリ」。

つまり、「一地」（チュジー）というのは、坪数（面積）で決まるのではない。田や畑を組み合わせてある。村全体を例えば三〇〇地として、甲家には一五地、乙家には一〇地五分などと割当てていくのである。田畑の組み合わせ方は、田と畑を混ぜる場合と、田と畑を別々にする場合もある。

「一地トハ一定ノ面積（重《おも》ニ［主に］坪数ナリ）ヲ指称《ししょう》スル［呼ぶ］アリ或ハ地味ノ肥痩《ひせき》土地ノ便否《べんぴ》耕耘《こううん》ノ難易ニ依リ或ハ仮定ノ価値ニ相当スル面積ヲ指称スルアリ或ハ又人頭割ニ於テ一人持ヲ直《ただち》ニ一地ト称スル等其《その》組立法ニ数種アリ」。

つまり、「地」の唱え方には数種あって、面積、地力の善し悪し、その土地のある場所が遠いか近いか、耕耘がし易いかどうか、などを加味した面積をいう場合もあり、一人に割り当てられた土地のことを「一地」という場合もある。ただし、畑に限っては、「地数ヲ組立スシテ、直ニ坪数ニ作リ地割スルモノアリ」。つまり、畑の場合は、地数ではなく坪数で配当することもある。

また、それぞれの村で、地数がずっと「確定シテ動カサルモノ」と「地割ノ都度《つど》変動シテ敢《あえ》テ一定ノ確数［確定数］ナキモノ」とがあって、その「地」の組み立て方には、「(イ)既定ノ地数ニ拠《よ》リ算出シタル坪数ヲ基本トスル法、(ロ)叶米《かのうまい》ヲ標準トスル法、(ハ)人頭割ニ基《もと》ク法」がある。

つまり、村によっては地数を固定してあるものもあれば、割替えるたびに地数を決めるものもある。「地」の組み立て方は、以前に決めてあった地数によるもの、人頭割すなわち人数によって地数を決めるもの、そして「叶米」を基準とするもの、がある。「叶米」とは小作米のことだが、ここでは、収穫の水準というような意味合いであろう。

第五は、「地割方法」と「其《その》手続」である。地割の方法には二種ある。一つは「地割ニヨリ持地数ニ異動ヲ来《きた》スモノ」であり、もう一つは「持地数ニ影響ヲ及ホサスシテ只耕作地ノ所在ヲ転スルニ過キサルモノ」である。

つまり、地割の方法の一つは、地割するたびにそれぞれの家の持地数を変更するものであり、もう一つは、持地数は改めず、ただ耕作する土地を変更させるものである。後者は、「廃藩後［明治一二年後］ニ生」じたものであるとして、地割制度の比較的新しいあり方を示しているとする。時代の進展とともに持地数は固定化していったというのである。

以下、地割の方法が多様であることを例示しているが、人頭割・貧富割・貧富及耕転力《こううんりょく》割・貧富及人頭割・貧富及勤功《きんこう》割などとなっているというが、そのことを確認するだけにとどめて、深入りしないことにする。この分類・整理法は、調査者によって主観的・恣意《しい》的になっている恐れがある、と私は考えるからでもある。

ともあれ、この進達書は、まだ租税制度や土地制度の調査が進められている最中にまとめられたもので、正しい理解には至っていないという面もある。

仲吉朝助の「地割制度」

仲吉朝助《なかよしちょうじょ》「琉球の地割制度」(『史学雑誌』一九三三年)は、この制度についての総括的な論文である。ここでは、その多様性を見ることになる。

まず、「硫黄《いおう》の採掘と漁」の島である「鳥島《とりしま》」(硫黄鳥島)以外の「琉球群島」では、「地割を行はざる所なし」、鳥島は農業は「僅か」だから、地割はないのであろう。また、地割をする区域は「一村(現今の大字《おおあざ》)」であるが、若干の例外がある、という。

地割替えの年限については、「全く当該村の自治に一任したるの状態」であって、「村に依りて差異ある」だけでなく、同一の村であっても「期限を異《こと》にせる所」があるとして、次の表1を掲げている。

この表で「地割の期限が各村 区々にして[まちまちであって]一定せざるを知るべし。琉球王府は 其期限を一〇年以内と指示せりと雖《いえども》、其実行は村落の自治に一任したるを知るべし」。また、「各村の地割期限 区々なるのみならず、各地種に依りて異同あり」。つまり、「田、畑、山野」の地割を、それぞれの地種ごとに、異なる年次に行なう村もあり、同一の年次に行なう村もあるなど多様である。

地割の年限(期限)は、表1にみるようにばらつきがあるが、大観すれば「八〜一二年」が五〇%を占めて最多であり、それより期間の長いものが短いものより多くなっている。

「地割の標準」については、「明治二九年より三二年までに[仲吉自身が]調査採収せる実例中より特色を有するもの」として、二十三の例を挙げていて、それをさらに九種類に整理して

表 1　地割替えの年限

地割期	島　尻	中　頭	国　頭	八重山	計		
					田	畑	山野
1 年	−	−	−	7	7	−	−
2 年	−	−	−	−	−	−	−
3 〜 7 年	39	2	17	3	50	9	2
8 〜 12 年	207	42	85	-	120	144	70
13 〜 17 年	66	39	−	−	25	47	33
18 〜 21 年	27	10	−	−	15	16	6
25 年	6	8	−	−	2	9	3
30 年	28	3	−	−	4	6	21
35 年	1	−	−	−	−	−	1
50 年	11	−	−	−	−	−	11
臨時	16	40	2	2	16	16	28
計	412	148	104	12	232	257	187

（注）仲吉による。原本では、「地割期」は 1 年ごとに示されているが、3 〜 21 年の間を 5 年ごとの 4 つに集約し、かつ地域別に「田」「畑」「山野」別に示されているが、その区分は「計」の欄だけにとどめた。

いる。これを紹介しよう。

第一種　老幼男女を問はず、地人各戸の現在人口を標準として平等に分配するもの。

第二種　一定の年齢に達したる男女に平等に分配するもの。

第三種　一定の年齢以上の男子を標準とし、其年齢に応じて配当率を異にするもの。

第四種　男女別に等差を設け、男に多く、女に少なく配当するもの。

第五種　地割地を二分《にぶん》又は三分し、其幾分は前期の持地率に、他の幾分は現在の人口に配当するもの。

第六種　村又は与《くみ》の名誉職を勤めたる功労者に、相当の割増をなし、其他は労力、資力の大小に応じて配

表2　「一地」の構成例

地目		等級			計
		上地	中地	下地	
水田		1	1	1	3
畑	百姓地	1	1	1	3
	地頭地	1	1	1	3
	オエカ地	1	1	1	3
	スルギ地	1	1	1	3
山野	茅生地	1	1	1	3
	蘇鉄地	1	1	1	3
	松敷	1	1	1	3
計		8	8	8	24

当するもの。
第七種　各戸の労力、資力を標準として配当するもの。
第八種　従来の地人各戸に平等に配当し、新たに分家して地人となりたる戸には、従来の地人一戸分の半額を配当するもの。
第九種　従来各戸一定せる持地率ありて、其率に依りて配当するもの。

また、「地割の単位」について、これを「地《ち》」という村と、「分《ぶ》」という村がある、という。その一地の例が、島尻地方小禄《おろく》間切小禄のものとして示されている。それによれば、表2のとおりである（数字は筆数）。いろいろな種類の土地をまんべんなく組み合わせて「一地」を組み立てているということであろう。ただ、このように、すべての土地を均等に、組み合わせて「一地」を組み立てているとは思えない。
「地割の方法」は、「複雑にして其手数甚だ面倒」

のように見えるが、「村」は「殆ど一氏族乃至《ないし》三・四氏族より成立組織せる」ものであり、「地人会の如きは数時間にして平和に終了」するし「曽《かつ》て之《これ》に関する争議ありしことを見聞せず」。村は、一つから四つくらいの「氏族」（親族）によって構成されているから、争いごとはないと述べている。

村の中は、お互いが皆「親戚」のようなものだ、という。このことは、他の問題を考えるうえでも、大いに示唆を与えている（第8話）。

地割方法の多様性

そもそも地割制度は地割慣行といっていいものであり、王府からの強制ではなく、村人の自主的な営みなので、その方法は村ごとに異なっており、多様なのである。先に紹介した沖縄県の「地割制度」という進達文書は、次のように述べている。「要スルニ地割ハ…村民ノ自由意思ニ放任シテ敢《あえ》テ干渉セサルヲ以テ甲法ヲ行フモ乙法ニ採ルモ将《ま》タ亦《たまた》丙法ニ拠《よ》ルモ全ク其随意ナリトス去《さ》レハ［したがって］村々一徹ノ［一律の］規律ナキハ素《もと》ヨリ其所ニシテ一々其細密ノ点ニ立チ入リ詳述スルカ如キハ却《かえっ》テ繁雑［煩雑《はんざつ》］ニシテ其綱領［大切なところ］ヲ得ルニ苦マシム［難渋する］ヲ恐レ」る。

仲吉朝助も、いろいろと説明してきて、「此の如く間切に依り、又は同一間切と雖も村に依りて地割の標準［基準］を異にせるを以て、之を一々細別すれば遂に各村別に列挙するにあらざれば、其の詳細を尽すこと能はざれるの煩《はん》に陥《おちい》るを以て、其例示は以上の二三種に止むべし」。細かく区分していくと、村の数ほどの多様性があるというのである。

このように、地割制度が多様であることに疑いはない。

地割と租税制度は無関係

また、地割制度は租税制度と対応しているとみなされてきたが、その根拠は何もない。私は「琉球近世の地割制度再考」（沖縄国際大学経済学部編『経済論集』第3巻第1号、二〇〇六年）において、先行する五七の文献を提示して検討し、どれ一つとして理由を示すこともせずに、租税制度と関係があるように述べているが、このように「理由を示していない」ことから、租税制度とは無関係であると結論した。また、もし関係があるのであれば、王府からの干渉は避けられなかったであろう。

琉球近世の農業は、農具や施肥の状況からみて、またその後の状況からみて、生産力水準が極めて低いとみなされる。その意味では、日本近世初頭から進んでいた、百姓の「小農経営（家族経営）」としての自立にはほど遠い実態にあった。そこでは、米・粟《あわ》・黍《きび》・麦などの穀物も栽培され、また、タロイモ・ヤマイモの類もあるが、最も大きな比重を占めるのは、琉球近世初頭に導入された甘藷（サツマイモ）である。大豆などの野菜類は、主に屋敷内の、いわゆる「アタイ小《グァー》」（屋敷畑。「中《あたる》」を「アタイ」と読んだものであろう）での栽培となり、大きな面積を占めるものではない。このようにみてくると、地割配当地の利用は、甘藷を中心にした自給作物に当てられていたと考えられる。それは税品とはならない。租税となる生産物を生み出す労働は、それを回避し、それに影響を与えない形で、課されるであろう。

このように、地割制度を租税制度と関連したものとしてみることはできないのである。安良城盛昭《あらきもりあき》「日本史像形成に占める琉球・沖縄史の地位」（『地方史研究』第一九七号、一九八五年）は、こう述べている。「〈地割制度〉は何も琉球王府が上から創出し、農民に強制したものではなかった。それは、琉球本来的な土地制度であって、この既存の土地共有制度を利用して琉球王府はその階級支配を実現しているにすぎない」。私は、地割制度は王府の強制した制度ではなかったという主張には同意するが、王府の「階級支配」（この場合租税制度を想定しているであろう）は、地割制度を「利用」してなされたものではなく、地割制度が行われていることを前提に、それと競合せぬように行われたと考える。

地割制度の発展段階

私は、二〇世紀初頭の「沖縄県土地整理事業」以前の、琉球の土地制度について、山本弘文《やまもとひろふみ》と同様に「総有」だと理解したうえで、その「総有」の下での地割制度の段階的発展を描いてみたことがある。以下、それを少し整理／修正して紹介する。なお、新里恵二《しんざとけいじ》も、春日文雄《かすがふみお》も「総有」との理解である。総有とは所有権が分割されずに「みんな」のものと観念されているものであり、「使用収益」（利用・収得）の態様は、その下でいくつかの段階を経ていく。

まず、共同使用（耕作）・共同収益（生産された後に作物を分け合う）の段階が考えられよう。しかし、この段階ははるか以前のことである。

近世期にはその次の段階にまで進んでいたであろう。そこでは、所有についての共同を残存させながらも、家族単位に労働し、収益し、消費している。しかし、それらは自給のための取り組みであるため、拡大志向を持たない。利用できる土地は限定されているのではなく、周辺の原野や山林を拓く可能性はまだある。しかし、拡大を求める動機は、人口増加による場合にしか生まれない。土地の利用をめぐる対立や緊張はまだない。特にルールを決めなくても、相互の矛盾は生じない。

そして、地割制度が始まる。同じく「共同所有」を引き継ぎながらも――そのかぎり、「総有」である――、互いが対立なく、矛盾なく土地を利用しあっていた前段階から、しだいに土地利用が窮屈になってきて、一定のルールを立てて利用するようになった段階である。それでもそれは、互いの必要面積を公平に分け合う形となる。商品作物の生産はないと想定すれば、その「必要」は消費量に依存するから、土地の配分の基準は家族数やその年齢構成によって決まる。一方で土地の生産力を評価しておいて、それぞれの家族の消費量と組み合わせて、土地を配分し合う。一方、その家族の消費量は時間の進行とともに、家族構成に移動があって変化するから、定期または不定期に割り替えられる。これが地割制度である。

その、地域別にみた「地割方法」の多様性は、ある意味で、地域別にみた「土地需要の窮屈さの度合い」の多様性を反映してもいる。宮古・八重山では地割制度まで進まなかったし、近代に入っても低度利用の土地が数多くあった。

また、同じく地割制度といっても、その中に段階差を含んでいる。「土地需要の窮屈さの度合い」がいっそう進んでくると、かなり厳密な地割が求められよう。沖縄県の文書「地割制度」や、仲吉朝助が示した地割の事例は、近世後期から明治中期にかけてのものが多く、そこではこのような厳密な地割に傾いている。

地割は緩やかな慣行である

最後に。地割の制度、その仕組みが地域別に多様な色合いを持っていること、そして時代的な変遷があることを踏まえるとしても、それを固定的な、厳密な「制度」として考えるのではなく、融通の利く、緩やかな「慣行」と考える必要があろう。

沖縄県の進達文書「地割制度」には、「地割ニ年限アル各村ニ於テハ其年限中ハ猥《みだ》リニ各人

ノ持地 動《うご》カササルヲ正則トス 但 分家者アル乎《か》、又ハ天災等ノ為メ 止ムヲ得ス之ヲ動カサ、ルヲ得サル場合ハ 村議ヲ以テ 一部又ハ全部ノ割替ヲナスモノ 往々之レアリトス」とある。つまり、地割の年限が決まっている村の場合、その年限の間はみだりにそれぞれの割当地を動かさないのが「正則」(原則)であるが、分家者が出た場合、または天災が起きた場合など、やむをえない事情があった場合には、村で協議して、一部または全部の土地を割り替えることもあり、そのようなことは「往々」ある(よくある)ことである、と。

また、「得タル土地 遠隔ナル歟《か》 又ハ其他ノ事情ニヨリ 交換ノ必要アルモノハ 相互ノ合意ヲ以テ 交換耕耘《こううん》スル等ハ 全ク随意也《なり》トス」とも述べている。つまり、地割によってある土地の割当を受けたが、そこが遠隔の地にあったり、あるいはその他の事情によって交換が必要であれば、関係者相互が話し合って、交換し、あるいは耕耘することは「随意」である、制限や束縛を受けない、という。

笹森儀助《ささもりぎすけ》『南島探験 2』(一八九四年)は、「地割後、人口に異動を生し、仮令《たとい》[例えば]出生死亡あり、年齢 長《ちょう》し 配当すへきに至ると雖《いえ》とも、一期間は最初の通り之れを動《うごか》さす」といい、沖縄県が「正則」としたものと同様のことを述べている。地割の時に基準とした人口に変動があったり、ある人は生まれ他の人は死に、そして年齢が長じて、以前は配当の対象でなかった人が対象に該当するようになったりと、いろいろ変化・変更があっても、一定期間はこれを「動かさない」というのである。しかし、笹森はこれに続けて、「死亡跡は一期間、親族に於て引き請くるものとす」と述べている。死者の土地は次の割り替えまで待つことはなく、「親族」に引き受けさせる、と。

一木喜徳郎《いちききとくろう》「一木書記官取調書」(一八九四年)は、地割後であっても「若《も》シ同一人ノ分配ヲ受ケタル土地ニシテ処々《しょしょ》ニ[あちこちに]点在スルトキハ相互協議交換スルコトアリト云フ」と述べている。地割が終わって、分配を受けた土地が分散していれば、関係者が協議して、相互に交換してまとめることもある、というのである。

仲吉朝助は「地割配当後、各持地人は各自の便宜《べんぎ》上、交換分合を行ふ」と述べている。地割された土地は、そのまま固定されるのではなく、関係者たちの「便宜」によって、互いに「交換」したり、「再分割」したり、「再結合」したりするとの指摘である。

このように見てきたとき、地割制度は、堅い制度ではなく、かなり緩い、融通の利く制度／慣行であったことが分かる。

例えば、一〇年単位で割り替えをする場合、そのとき年齢が配当資格に一つ二つ足りなかった者も、一、二年で配当対象者に到達する。一方、年配者には死者も出てくる。そこで、一〇年待たずに、相互にやりとりをするのである。「ウチはオジーが亡くなって、土地は余っている。アンタの所は息子さんも大きくなって土地が足りないだろう。使っておきなさい」という具合である。このようなやりとりは、戦前の沖縄では地割制度が終わった後でも珍しくなかった。土地の貸借なのだが、文書も交わさないし、小作料も取らない、ただし、所有者が必要となれば、無条件で返してもらうのである。このようなあり方を、石井啓雄《いしいひろお》は「預け・預かり」と呼んだ（石井・来間『沖縄の農業・土地問題』一九七六年）。

比嘉春潮の地割制度論の検討

比嘉春潮は、地割に触れながら、次のように述べている（『沖縄の歴史』一九五九年）。

「一般的にいって 村の百姓は皆地人《ぢひと》［ジーンチュ］として 百姓地の配分を受けていた。又一部の資産階級は 配分の百姓地の外に 仕明地とおえか地を持っていた。ところが、百姓の中には百姓地さえないのがいた。この土地を持たない百姓には二つある。一は、地割［替え］は村によってちがうが 大体、六、七年か一〇年位毎《ごと》に行われる。その間に分家して新たに世帯を持った百姓には未だ百姓地の割当がない。地人に対してこれを名子《なご》という。他は、貧農である。地人として百姓地の配当を受けてはいるが、借金のためにこれを質入れしたり 永代売《えいたいう》りしたりして、百姓地無しとなっているものである」。

比嘉は、当時の農村を「一部の資産階級」と「名子」・「貧農」の社会と見ているが、どうだろうか。資産階級は「おえか地」（地方役人の役地）を持っていたといっても、自ら耕作するのではなかろうか。彼らは百姓地の配分も受けていたというが、自給作物だけの社会に、農地を多く配分されても、意味がない。しかも、仕明地（開墾地）も持っていたという。多くの農地を持つことに意味があるのだろうか。

百姓であって、土地を持たない者がある、という。地割というのは、村人の誰かを排除するものではない。比嘉も「一般的にいって村の百姓は皆地人《ぢひと》として百姓地の配分を受けていた」といっている。基本的に公平に割り当てられる。なのに、土地を持たない者がいる、という。次の割り替えを待たずに「分家」した場合に、そのような者が出てくる、としている。土地がないのに分家するだろうか。次の割り替え期までに分家するのは、耕作地が何らかの仕方で手に入るからなのであろう。割り替え期を待たずに、「土地なし百姓」に進んでなる理由が分からない。

沖縄県の「地割制度」には、分家者が出た場合など、やむをえない事情があった場合には、村で協議して、一部または全部の土地を割り替えることもしばしばある、と述べていた。

地割制度は、きっちりした制度ではなく、余る者は足りない者に融通する、そのような緩やかな制度/慣行だったのである。地割では、ほぼ必要に応じた配当がなされていたのであって、そのように配当を受けた土地で生活していて、「借金」が生じるという構造が理解できない。商品として農作物を生産しているのなら、販売に失敗したり、競争に負けたりして、借金することもあろうが、時代は自給生活/自給生産の社会なのである（第8話）。そもそも、地割で配当を受けた土地は「私物」ではないので、それを「質入れ」したり「永代売り」したりすることはありえまい。

薩摩藩の門割制度との対比

原口虎雄《はらぐちとらお》「奄美大島の耕地制度と農村の両極分解」（『南島史学』第17・18号、一九八一年）は、次のようにいう（カタカナのルビは来間）。

「封建制度の経済的基礎は農業にあり、農業の基礎は耕地制度にある。薩摩藩は〝門割制度《かどわり》〟という特殊な農耕制度を全藩に［鹿児島全域に］行なった。簡単に説明すれば、本田畠《ほんでんばた》は村の総有とし私有を許さない。農民一五～六〇歳の壮丁《ソウテイ》を〝用夫《いぶ》〟と名づけ、それらの家の数戸を一門《ひとかど》として与《クミ》をつくり、各門にほゞ平等に耕地を配当し、一定年期毎《ゴト》に耕地をとりあげて再配分する」。「門割の対象は主として水田であって、畠は従とされた」。

これを琉球の地割制度と比較すれば、主要な耕地が総有となっていて、一定の年期ごとに配当地を変更する点が共通している。ただ、それが地域ごとの自主的な営みではなく、役人が再配分の指揮をとっているように見える点が異なっている。もし、そのうちの奄美地域に限れば、当時の琉球との差異は少なかっただろうし、地域の自主的な営み、慣行であった可能性があるのではなかろうか。

原口は、その奄美地域についてこう述べている。共有地の割替えは、鹿児島本土では「五年ないし三年に一度ずつ」行われていたが、「大島においては実に厳格に行われた」。「本土［鹿児島本土］においても［は］数年毎に割り替えをするのが建前であったが、実際には享保《きょうほう》以後は、村高や門高の員数を固定したままにしておいて、耕地の割替はあまり行なわれていない。しかるに大島では村々に五年ないし三年ごとに高配当を更新したのみならず、村内では更に現実の労働人口にあわせて、年々行なっていた」。

つまり、鹿児島本土では、割替えの建前が崩れてきて、しだいに行われなくなってきたのに対して、奄美の場合は、割替えの原則を崩さず、「村内では…年々行なっていた」という。これは、奄美での土地の割替えが、「村内」で自主的に行われていたことを示しており、琉球同様のあり方だったことを指摘していることになろう。ただ、「高配当」といい、石高に対応した配当と見ている点は疑問であるし、そうではなかったであろうと私は考える。

第6話
個人別にはとらない租税制度

社会が構成され、秩序だった運営が行われるとき、社会の運営者は人びとから租税を徴収するようになる。ところが、近世に至るまで、琉球には租税はほぼなかったと考えられる。それは、薩摩からの要請にこたえて整備されていったものであろう。どのように仕組まれたのか。個々人に割り当てたのではなく、間切《まぎり》という団体（のちの市町村）に割り当てたのである。

なお、薩摩藩によって検地が行われ、石高が規定された。しかし、その石高は租税制度とどのように関連しているかいないか、その検討が必要である。琉球も、石高制を基本とする日本近世の幕藩体制に組み込まれた。しかし、琉球も幕藩体制と同質の社会になったのかというとそうではなく、石高制は琉球の社会の原理とはならなかったのである。

石高と無関係な「地租」

明治政府は、琉球国を琉球藩にしたうえで、その藩を廃して沖縄県を設置した。そのとき古い制度（旧慣）の改革は先送りにして、実状を調査した。租税制度については、「沖縄県旧慣租税制度」（一八九五年。『〈旧版〉沖縄県史』第21巻・旧慣調査資料、一九六八年、に収録）が作成された。つまり、琉球近世の租税制度を調べ、まとめたのである。

この調査書は「地租ノ種類」として、「第一　本租」を、⑴本島及離島ニ於ケル代掛地租、⑵両先島《さきしま》 定額人頭配賦税、⑶久米島《くめじま》 折衷地租」、以上三つにまとめて示し、他に「第二　付加税」「第三　特別税」を掲げている。

まず、両先島（宮古《みやこ》・八重山《やえやま》）は「定額人頭配賦税」だとあるが、これは「地租」ではない。土地ではなく、人頭すなわち人口を基準に課したものだからである。次に、「特別税」のうちの「夫役《ぶやく》銭・夫賃《ぶちん》粟」や「浮得《うきとく》税」も「地租」ではない。このように、人頭税も物産税もともに「地租」と呼ぶのは「当《とう》ヲ得《え》サルモノ」である（適当でない）が、明治一五年一一月、国庫への収入を「内地一般ノ税目ノ下ニ整理」したために「地税」としておいたのだと、この調査書自体が述べている。

「代掛地租」とは、石高に「代」（税率）を掛けた租税という意味であるが、これも実際はそうではない。まず、薩摩藩から首里王府に対しては、検地に基づく石高を踏まえて貢納を要求してきた。その王府から地方《じかた》への賦課も、一応石高に基づいているかのようである。しかしながら、この調査書は、石高は定めたが、石高に基づいて賦課したのではなく、旧来の貢納額をそのまま継承したと述べている。

ややくわしく見ていこう。検地によって石高＝知行高が約九万石と定められた。「右知行高ノ定マルヤ 藩庁［琉球王府］ハ従来徴収シタル米・雑穀ノ納額ヲ各村ノ草高《くさだか》ニ割賦《かっぷ》シ 高一石ニ対スル税率ヲ定メタリ」。ここでは、これまで徴収していた「納額」をそのままにして、それを「各村の草高」、つまり収穫高で割って、それをもって「税率」としたと述べている。これでは、税率は無意味な数字とならざるを得ない。

このことは「普通ノ順序［やり方］」とは異なっている、という。「蓋《けだ》シ 検地ヲ為《な》シ 検見《けみ》ヲ行ヒ 然《しか》ル後《の》チ 高ニ対スル税率ヲ定メ 貢納ノ額ヲ得ルハ普通ノ順序ナリ」。普通は、①検地をして、②検見をして（収穫前に作物の出来具合いを調査して）、③その後に税率を決め、④その率を掛けて貢納額を決める。しかし、琉球の場合はそうではなかった。「然ルニ当時ノ取扱ハ之《これ》ニ反シ 貢租ノ額ハ検地以前ノ侭《まま》ニ据置キ 之《これ》ヲ石高ニ割付シテ税率ヲ算出シタルモノトス」。貢納額は「検地以前」からのものをそのままにしておいて、逆に、貢納額を石高で割って、出てきた数値を「税率」（代）としたというのである（そもそも、「検地以前」に租税はなかったのであるから、税率を論ずること自体、無意味である）。

「其結果 各村各地 区々《くく》タル［まちまちの］税率ヲ見ルニ至リ 高一石ニ対シ 田ハ凡《およ》ソ七斗五升六合［七五・六％］ヨリ二斗一升［二一％］迄 畑ハ二斗五升ヨリ九合迄ニテ 其間一定ノ割合ナシ」。上下の差は、田で三・六倍、畑で二八倍もある。税率が一定していないのである。

ともあれ、貢租額は、検地の結果示された石高とは関係なく、以前の貢租額をそのまま引き継いだという。だとすれば、石高が定められ、文書上はそれに基づいて賦課されていても、石高は地方負担の基準にはならなかったことになる。つまり、沖縄本島地域については「代掛地租」であったという調査書自らの規定が、事実として否定されている。「代掛地租」ではなかったのである。

石高制という理解への疑問

新里恵二《しんざとけいじ》は「琉球王国の薩摩藩への負担額」（新里『沖縄史を考える』勁草書房、一九七〇年のうち、初出は一九六一年）の中で、このことの根拠資料と思われる「御検地之御法集」の記述を紹介している。「右代《だい》作り様［税率の定め方］は慶長御検地以前之上納を、田畠共村々慶長之御高［慶長検地の石高］を以《もって》割付御定め置かれ由《よし》候。田方七斗五升六合より二斗一升迄畠方二斗五升より九合迄段々高下これあり候。中比《なかごろ》再検地又は惣御検見《ごけみ》等これあり、代之上ゲ下ゲ［原本には「上下ケ」とあるが、新里が解釈して「上げ下げ」としたもの］これありたるため由候（「仲吉《なかよし》朝忠《ちょうちゅう》日記」、刊本『近世地方経済史料』10巻、三一三頁）」。ただし、新里は『沖縄』（比嘉《ひが》春潮《しゅんちょう》・霜多正次《しもたせいじ》との共著、一九六三年）では、同じことを論ずるのに、『沖縄法制史』という別の記述を指示している。

新里は、これによって次のように述べている。「特記さるべきことは、租税収取の実務の面では、慶長検地における石高は、琉球内では租税賦課の基準とはされていないことである」。「つまり、検地の後に税率を定め、これを高に掛けて租額を算出したのではなく、検地以前の租額を高に割賦《かっぷ》して、各村別の代（税率）を定めたため、ある村では高一石につき租米七斗五升六合、他の村では高一石につき租米二斗一升という、まちまちの税率になったというのである」。

これは、「沖縄県旧慣租税制度」の記述を、先行の文献によって追認したことになる。安良城盛昭《あらきもりあき》「旧慣租税制度」（『〈旧版〉沖縄県史』別巻・沖縄近代史辞典、一九七七年。安良城『新 沖縄史論』一九八〇年に収録）は、調査書「沖縄県旧慣租税制度」の示した三類型について、次のように指摘している。「この三類型は、実は、首里王府から間切《まぎり》・村《むら》に貢租を賦課するときの基準の三類型であって、現実に貢租を負担する村内レベルでは、沖縄本島においても、幕末期までかなりの貢租部分が人頭税的基準によって負担されていたことは、『琉球産業制度資料』に収められている諸史料からうかがいしることができる」。

すなわち、この三類型は首里王府から地方（間切・村［のちの字《あざ》に当たる］）への課税の基準を示したものであって、地方（の責任者）がそれを受け止めて百姓に賦課する際の、すなわち「現実に貢租を負担する村内レベル」での百姓への賦課は、別の原理で（人頭税的に）なされたというのである。

安良城はまた、続けて次のように述べている。「同様に、宮古島の上納は寛永《かんえい》二（一六二五）

年以後は代掛地租で、寛永一四（一六三七）年から人頭税になったと伝えられる史実も、やはり、首里王府から宮古島に貢租を賦課する基準の変化を意味して」いる、と。つまり、先島だけは人頭税だとされているのは、首里王府から先島の在番《ざいばん》（その長は「頭《かしら》」）へ、そして在番から各間切・村への課税の基準のことなのである。こうして課税されたものが、先島内部の間切・村でどのように百姓に割り当てられたかは、一応別の問題である。

以前の研究者はただ検地がなされた、石高が決まったということしか触れなかった。だから日本近世と同様の石高原理が社会を律していたとの印象を残していた。それに対して、安良城は、この「沖縄県旧慣租税制度」をうけ、『琉球産業制度資料』（『近世地方経済史料』第九・一〇巻所収）をも念頭において、次のように積極的に問題を提起した。「沖縄でも一応は石高制がしかれているのですが、石高制がどの程度定着したかは、一つの検討さるべき問題でして、本土であればある村を取り上げるときには〝何石の村〟として問題になるのですが、沖縄では〈頭数《ずかず》〉つまり人間が何人いるのか、というのが常に問題になっているのであります。…なぜこのような村の把《と》え方をするのかというと、人頭税が貢租徴収の基本様式だったからにほかなりません」。

このように、安良城は、石高制が琉球に布《し》かれたとする、皮相な理解を批判して、基本的には人頭税的であったとした。しかしながら、人頭税的であれば、地税・地租ではないことになるはずであるが、それでも、安良城は「旧慣土地制度」（一九八〇年）では「石高制にもとづく独自の知行制度」「琉球独自の石高制にもとづく知行制度」といっており、この文章でも「沖縄でも一応は石高制がしかれている」といっているので、知行制度や石高制の独自性を指摘はしたが、石高制であることを否定してはいないことになる（知行制度の独自性については、第4話で触れた）。

石高制の実質的な否定は、山本弘文《やまもとひろふみ》『南島経済史の研究』（法政大学出版局、一九九九年）の指摘が最初のものである。山本は、残存する古文書（主として久米島の名寄帳《なよせちょう》）を検討したうえで、次のように論じている（この部分の初出は一九八五年）。

なお、「名寄帳」とは何かに触れておきたい。検地では、一筆《いっぴつ》（「ひとふで」とも。畔《あぜ》などで区切られた耕地の一《ひと》まとまり）ごとに面積を測り、生産高を推定して、石高を指定し、その「作人」（耕作者）の名を記す。これを「検地帳」という。すると、同一人の土地があちこちに分散して記録されるので、課税するにはそれを個人別に集計しなければならない。その、個人別に「名を寄せた」ものが「名寄帳」である。つまり、「検地帳」は土地ごとに、「名寄帳」は個人ごとに、記されるのである。

山本は、次のように述べている。「琉球王国の土地制度は、慶長一四年（一六〇九）の薩摩藩の侵入とそれにつづく慶長検地（慶長一四～一六年）によって、形式的には一応、近世的な石高制下に編入された。しかし慶長検地によって査定された石高」は「農耕や公租・公課・農民作得《さくとく》などの社会的生産や分配の基礎として」「十分機能しなかったものと見ることができる」。

つまり、石高は「社会的生産や分配の基礎として…十分機能しなかった」のである。ここに「十分」という語が入っていることに「不十分」さが感じられるが、画期的な提起というべきであろう。

続けて次のようにもいう。「慶長検地によって査定された田畠・屋敷などの面積についても、大きな疑問を拭《ぬぐ》うことができない。それは慶長検地の際に、…法外な石盛《こくもり》を適用されたにもかかわらず、…地頭地の正米量《しょうまい》［年貢高］が、査定石高を大幅に上回っているからである」。ここでは、慶長検地による面積や石高は非現実的だ、と述べている。これは、検地の結果がその後の統治に生かされてはいないことを示唆している。

「ところで琉球王国の〈石高制〉のもうひとつの特徴は、農民保有地の定期ないし不定期の割替え［地割制度］のため、名請地《なうけち》と名請人の関係が本土のように固定的でなく、次の割替えまでの一時的なものにすぎないという点である」。検地は本来、土地（名請地）とその耕作者（名請人）とが対応させせられ、固定化されるようにするものである。ところが琉球では、地割制度があって「固定化」できないので、石高制の社会にはなりえなかった、ということである。

まとめて、次のように述べている。「このような意味において近世の沖縄社会では、石高制は生産と分配の基軸的な制度として機能することができず、また土地所有権の成長を促すようなものとして定着することはできなかったのである」。琉球の近世は、石高制の社会ではないことを指摘した最初の論考だといえよう。なお、「土地所有権の成長を促すようなものとしてで、それはしだいに土地所有権に近いものに進んでいったことを指している。

定着する」というのは、日本近世の石高制のもとでは、名請地と名請人が固定化されていたの

石高制の否定へ

ここまでは、琉球の近世社会での租税制度が石高とは関係なく仕組まれていたことを指摘した研究史を振り返った。以下は、その若干の手直しである。

琉球の近世は石高制の社会ではないことについて、初めて示唆《しさ》したのは安良城盛昭で、そのことをかなり明確に指摘したのは山本弘文である。「慶長検地によって琉球王国に導入された石高制は、適用された石盛が架空に近いものだったほか、畠の高結びを大豆一石＝高［米高］一石とするなど、きわめて特異なものであった」。少し説明を加える。「石盛が架空に近い」というのは、当時の琉球農業の実態として、反当り三斗（〇・三石）ほどしか収穫できていなかったが、これを一石やそれ以上に評価していること、を指摘している。また、畠の場合は米の収穫がないので、畠の作物を米に換算して示すことになるが、「大豆一石」の畠を「米一石」の田と同等と位置づけるなど、不相応な、実態とかけ離れた評価がなされている、というのである。

山本の文を続ける。「そして村々においても名寄帳上の記載とは無関係な、耕地の総有と割

替制［地割制度］が存続し、地域によっては久米島のように、頭配分《ずはいぶん》［土地基準ではなく、人口基準の配分］も行われたのであった。こうした点からいえば琉球王国の石高制は、薩摩藩への出米《でまい》・出銀《でぎん》や、王府への公儀上納の賦課規準として、意味を持ったに過ぎなかったのである」。

他方で山本は、次のようにも述べている。「沖縄諸島では、慶長検地後も…名寄帳上の石高は、間切や村々の負担総額を定める数値として、意味をもったにすぎなかった」。つまり、石高は「薩摩藩－琉球王府」間においてだけでなく、「王府－地方」間においても意味があったのであるが、それ以下の個々の百姓の負担額を決める基準としては使われなかったのである。

山本はしかし、「琉球王国の石高制」という表現を残している。「検地によって決められた石高は形式的なものにすぎません」、「本土的な意味での石高制は沖縄社会ではついに確立しなかったというふうに考えています」と正しく指摘しつつも、そのような論理や記述を徹底させてはいない。山本自身の総括によれば「擬似《ぎじ》石高制」となる（同書、あとがき）。その意味は、「本物の石高制ではないが、それによく似た石高制」ということであろう。

石高は、「薩摩藩－琉球王府」間において、また「王府－地方《じかた》」間においてのみ意味があったのであるが、問題は、それ以下の「地方（役人）－百姓」間においてどうだったか、にある。そこまでは石高は貫いていないのである。これを「石高制」と表現すれば、事実認識に大きな歪《ゆが》みを生ずることとなるので、私は「石高は査定されたが、石高制の社会にはならなかった」

ことを明確にすべきであると考えてきた。この疑問は、私の講義ノート「沖縄経済史」によって山本に伝わったはずである。

山本は、その後の論文「慶長検地後の琉球王国の貢租制度」（『経済志林』第73巻第12号、二〇〇五年）では次のように述べて、石高制を明確に否定した。

「生産物貢租の上納責任を条件として、労働管理自体を自己に委ねる石高制度とは、異質のもの」。「間切内の村々は、慶長検地に基づく検地帳や名寄帳の作成後も、引続き固定的な持分を認めない地割制度を維持し、名寄帳にかかわりなく、人頭や一地・二地等の地割配当に基づいて貢租を配賦したのであった」。「先に刊行した小著『南島経済史の研究』は、琉球王国時代の土地・貢租制度を擬似石高制と呼んだが、今回はあらためてこれを、総有地割制と規定し、結びとしたいと思う」。

「擬似石高制」という表現でも石高制は実質的に否定されているが、ここでは「石高制」という語句を消しており、石高制の全面否定へと展開したことになる。ただ、「人頭や一地・二地等の地割配当に基づいて貢租を配賦した」という表現は、問題を残しており、第5話を参照してほしい。

計算基準としても機能しない「石高」

それでも、建前としての「石高」は残っており、それは「薩摩藩−琉球王府」間においてのみならず、「王府−地方《じかた》」間においても「石高」との関連で租税が賦課された。そこにこの問題の理解が一直線にいかない原因があろう。

この点では、山本が述べていたように、「琉球王国に導入された石高制は、適用された石盛《こくもり》が架空に近いものだったほか、畠の高結びを大豆一石＝高［米高］一石とするなど、きわめて特異なものであった」のであり、これは「石高」が無意味化されているということである。

「沖縄県旧慣租税制度」によれば、次のとおりである。「元来 高及代押入ハ 田ハ米ヲ以テ畑ハ麦 及 下大豆《げだいず》ヲ以テ算定シタルモノナリ」、しかし「実際ニ於テハ 成換品ヲ以テ徴収スルモノアリ 石代ヲ以テ徴収スルモノアリテ 区々一定セス」。

「石代」（石代納）は金納のことであるから、明治に入って以後のことであろう。琉球近世においては「成換品《せいかんひん》」（成り代わり品）がほとんどだったことになる。その「成換品ノ種類ハ凡《およ》ソ一二種」、そして「其ノ換算率ハ左ノ如シ」とある。整理して示せば、次のとおりである。

粟一石＝米一石＝黍《きび》一石

粟・米・黍一石＝麦・下大豆・小豆・粟籾《もみ》・黍籾二石

菜種子《なたね》一石＝麦・下大豆一石三斗五升
白蒲豆《しろへんまめ》・白大豆一石＝麦・下大豆一石二斗五升
本大豆一石＝麦・下大豆一石二斗二升五合
また、砂糖については、次の換算率で米の代納品となる。運送距離の遠近によって区分してある。
一）島尻地方、中頭地方（美里ノ九ヶ村ヲ除ク）一〇〇斤ハ米三斗七升五合
二）国頭地方及中頭地方美里ノ九ヶ村　　　同　　　同四斗一升六合六勺六才
真綿《まわた》の換算率は、その一〇〇匁ハ米二斗五升
なお、両先島（宮古・八重山）と久米島の貢納品は米・粟で示されながら、その大半（五八〜六八％）は反布に換えられている。
このように、本来の税品である米と雑石《ざっこく》（＝麦・下大豆）で納められるのは、むしろ例外で、多様な「成換品」に換えられる。しかも、米も粟も黍も同格である。
石高は計算基準としても〝いい加減〟であり、有名無実となっていたのであろう。

「人頭税」といわれた先島の貢布生産

先島では「人頭税」という「過酷な制度」があったといわれてきた。しかし、人頭税はなか

ったのである（来間『人頭税はなかった―伝承・事実・真実』榕樹書林、二〇一五年）。

琉球近世の租税制度は、個人ではなく団体（間切《まぎり》）が納税の主体だった。つまり、個人ごとに税額を割り当てるというものではなかったのである。ましてや、一人一人に、画一的に、税額を割り当てるというものではなかった。このように、その団体の「人頭」つまり人数、人口を基準に租税が割り当てられていたことを、「人頭税」と表現した。このことから、人びとは「人頭税とは何か」と、世界史的に検証した。すると、「人頭税」とは画一的に課税することだと分かり、琉球の「人頭税」も画一的な課税だと考えた。このことから誤解が生まれたのである。しかし実際は、その人数を基準にその団体の負担額が決められるのであって、負担額が一人一人に、画一的に分割されるのではない。

反布の生産を検討しよう。宮古と八重山ではこれが租税のほぼ六〇％を占めている。

琉球近世の文献には「頭懸《ずがけ》」として出てくる。「御当国御高並《ならびに》諸上納里積記《りづもりき》」に、次のようにある（「御財制」にもほぼ同文。現代語に訳した）。「一六三三年、宮古島で初めて〈人数改め〉（人口調べ）があり、翌年（一六三四年）から〈頭懸の配当〉を申し渡した。以後四回の人口調べがあり、その数に対応させて、穀物や反物を増減した」。これは、宮古の（八重山も同じ）貢納額の「総額」がその人口（頭数）を基準に決められたということを示しているだけである。

ところで、これが二一五年後には「定額」に固定されることになる（「里積記」）。「一六五九年の〈物成究《ものなりきわ》め〉（貢納額査定）の時、穀物・反物・雑物《ぞうもの》とも、人数の増減に関係なく固定数量が定められた」。ここで総額が固定され、定額になった。この下では、人口が増加すれば一人当たりでは負担が軽くなり、人口が減少すれば一人当たりでは負担が重くなることになる。

その時、「頭懸」の仕方が提示されている。「〈頭懸の致様《いたしよう》〉は、村々を上・中・下に区分し、穀物の負担を上・中・下に、布の負担を〈唐苧敷《とうちょしき》〉（苧麻畑《ちょま》）の上・中に対応させて上・中を付ける。さらに、男女を上・中・下・下々《げげ》の四段に区分し、上の村上男女一四部頭《ず》、中の村上男女一二部頭、下の村上男女一〇部頭として、下の村の下男女まで〈二部引き〉としていく。そうすれば、下の村の下々男女は四部頭となる。布の場合は、上の村の上男女を一二部頭からスタートして、やはり〈二部引き〉とする」。また、「人を〈上・中・下・下々〉と位付けすることについては、正徳《しょうとく》元（一七一一）年から年齢によることとした」という。

ここに示されている「頭懸の仕方」とは何だろうか。それは、貢租額を決定する基準としての人口評価の仕方（人口の数え方）を示したものであって、王府の指示を受けた在番・頭が、間切・村に割り当てるときの指針と見るべきものである。なぜなら、地方役人がその百姓たちに租税をどのように配分するかについては、村に一任していたのであり、在番・頭も干渉しなかったのであるから。これを、実際に、村々で与えられた村位を前提に、個人を年齢で評価して、個人別の割当額を査定したと見るべきものではない。なぜなら、村ごとの貢租額は固定していて、その必要もないし、反布は個人別に負担額を区分することはできないものだからである。

沖縄県の調査書「沖縄県旧慣租税制度」(一八九三年)は、これを「定額人頭配賦税」と名付けた。「人頭税《じんとうぜい》」(「にんとうぜい」とも)という表現は、この時初めて生まれたのである。この表現は適切ではなかった。後の時代になると、「人頭税」という語句から、逆にその制度を考えるという風を生んだ(既出)。

この「旧慣租税制度」は、「当時どのような方法で賦課したかは、記録にないから分からない」と断りつつも、「一人についてどれだけという定率を定めて賦課したのであろう」と推定した。この推定は正しい。この推定の意味は、「一人当たり粟何石、布何反」という基準を定めて、それに人口を掛けて総額を決定したということである。例えば、人口五〇人の村なら、一人当たり粟二石と、布〇・五反を掛けて、粟一〇〇石と布二五反をこの村に割り当てた、ということである。これは、一人に粟二石ずつ、布〇・五反ずつ賦課したという意味ではない。

慶長検地で石高を査定したが、課税はそれを基準とするのではなく(それはあてにならないので)、人口を基準に「総額」を定めたということである。

つまり、明治になってから「人頭税」だというようになったのであるが、これは間違っている。頭懸は人頭税(世界史的な概念としての)ではない。

反布生産の実際については、第8話に譲る。

人頭税は「悪平等」ではない

人頭税は「悪平等」であるとして非難されているが、実態はそうではない。そこにはたくさんの免除者がいるが、それは住民の実状を見て、その意味ではむしろ「実質的に」平等に割り当てられていたものと考えられる。

その免除者には、五〇歳以上の者、一五歳未満の者、特権的な役人、その妻、祭祀者、多子者、産子者、老人介護人、廃疾者、脱走者、特殊な技術者・専門家などが含まれる。

宮古島の場合、「免除ノ特典ヲ有スル者二種アリ 第一種ハ 吏員若《もし》クハ其家族子孫等ニシテ其負担額ハ之ヲ全島ノ正人ニ配賦スルモノトス …第二種ハ 各村限リニ於テ免除スル者ニシテ其税額ハ村内ニ配賦スルモノトス 即チ左ノ如シ 老人 介抱《かいほう》人 [要介護人] 二子ノ母 方輪者《かたわもの》」（「旧慣租税制度」）。八重山島の場合、「免除ノ特典ヲ有スル者アリ 左ノ如シ ①頭 首里大屋子《おおやこ》 与人《ひと》 蔵筆者トナリタル者ハ 在職中ハ勿論 免職トナルモ 夫婦共終身 及 其子孫ノ内二人。②目差《めざし》ノ職ニ就《つい》テハ在職中ハ勿論 免職トナルモ夫婦共終身。③医道稽古人夫婦 産婆大阿母《おおあむ》。④廃失者。⑤村筑《むらちく》 掟《ウッチ》 阿母《あむ》 佐事《さじ》阿母。⑥女頭《ぶなじ》 藍遣《あいづかい》 布晒《ぬのさらし》 旧在番筆者ノ旅妻（以上ハ、細上布ニ限リ之ヲ免除ス）。⑦壷瓦細工人 仲間村加子 富崎《ふさき》観音堂番人。⑧多子者夫婦（五子以上）三年免税者（出産ヨリ三ヶ年間）（以上 二種ノモノハ反布ヲ免ス）」。これらに関しては、「沖縄県旧慣

租税制度参照　弐」に「宮古島免税表」と「八重山島免税者取調書」が収録されている。越正隆《こしまさたか》「沖縄県税制改正ノ急務ナル理由」（一八九七年。『〈旧版〉沖縄県史』第21巻、一九六八年）は「旧慣税制ノ欠点」の「人頭配賦税」の項で、その欠点の二番目に「免税者ノ甚《はなは》タ多キコト」を挙げている。それも「身体ノ故障又ハ不時ノ災害等、実ニ止ムヲ得サルニ出ツルノ免除者」ならいいが、それは「甚タ少数」であって、多いのは「旧官吏若クハ其家族」だという。

このことは、次のことを示している。第一に、王府からは固定した頭数によって総額（総反数）が指定されてくるし、蔵元でも村単位にそのようにするが、現場ではその役人の判断によって、それを画一的に人頭割にするのではなく、柔軟に運用していた様子を示している。役人は、王府・蔵元への責任を果たすためと、他方では百姓の間で不公平からくる不満が生じないようにするために、一人一人の能力や、性格や、実状を踏まえて、各種の労働を割り当てたことであろう（もっとも、沖縄本島地域もそうであるが、これら役人が恣意的に運用しようとすれば、不可能ではない）。しかし、多くが集団的な作業であり、一部において個々の百姓への割当があっても「画一的」「悪平等」となる余地はほとんどない。

第二に、多くの免除者を出しても、与えられたノルマを果たすのに不自由はなかったことを想像させる。「過酷」説への疑問と重なる。

なお、反布は、織りの上手な人に負担が集中する傾向を生む。

「単ニ綛《かせ》ノ配賦ヲ受クルモノハ其ノ負担軽ク織方ニ妙ヲ得タルモノ［織りの上手な者］程困難ナル絵型ヲ担当セシメラルル、ヲ以テ重キ負担ヲ受クルノ結果トナレリ」（「旧慣租税制度」）。

そこで「苦労米」などの奨励策がとられる。「縞柄ノ難易ヨリ各自ノ負担平均ヲ得サルモノアルヲ救ハンカ為メ蔵元ニテハ各村調製済ノ上品質ヲ四段ニ分《わか》チテ毎段ノ各本付人ニ苦労米ヲ給シテ以テ奨励［策］トセリ」。それを「名誉トシテ好ムモノアリ又其ノ労力ノ多キヲ厭《いと》ウ［嫌う］モノアリ一様ナラス」。つまり、苦労米の支給を受けて喜ぶ人と、それでも「つらい」と受け止める人と、さまざまなのである。

一木喜徳郎《いちききとくろう》「一木書記官取調書」（一八九四年。『〈旧版〉沖縄県史』第14巻、一九六五年）もいう。「換納布ハ白上中下布ノ如ク織立容易ナラス之ヲ各自ニ任《まか》セ難キヲ以テ原糸即チ綛《かせ》ヲ分賦シ織立方ハ織婦［織女《おりめ》］ヲ撰定シテ之ニ充《あ》テ其負担スル所ノ原糸ヲ免除ス又手叶《てかのう》ト称シ一機ニ［一つの機《はた》に］一人宛《ずつ》ヲ撰定シテ織婦ヲ補佐セシメ兼《かね》テ将来織婦トナルノ練習ヲ為《な》サシム其負担スル所ノ原糸ハ半額ヲ免除ス織婦及手叶ノ数ハ現時合《あわ》セテ一三〇〇余人トス織婦ハ織方ノ最モ巧《たくみ》ナル者ヨリ与人《ユンチュ》［地方役人］之ヲ命シ辞スルコトヲ許サス又織方ノ最モ難《かた》キモノ［とても難《むずか》しいもの］ハ織婦ノ最巧《もっとものたくみ》ナル者［とても上手な者］ヲシテ之ヲ担当セシム」。

そこで「苦労米」などの若干の恩典があるが、「固《もと》ヨリ之ヲ以テ充分ノ報酬トナスニ足ラサルナリ」。時代の進展とともに「織婦ト一般正女ノ間負担ノ不権衡《ふけんこう》［不平等］愈々《いよいよ》大ナルニ至レリ」。

安良城盛昭の人頭税論

先に紹介した安良城盛昭の議論は、近世の租税制度を「人頭税的」と述べていた。それは、琉球近世の租税制度が石高に基づいていないことを指摘したものである。そのことは、課税の根拠が、土地とその生産にではなく、人頭（人口）に基づいていると理解したのである。そのかぎり、沖縄本島地域も含めて「人頭税的」であり、先島だけのことではないと述べたのである。

しかし、第8話で見るように、当時の貢納物の生産は、個別百姓がそれぞれに取り組んでいるのではなく（自給生産部分は別）、地方役人監視・指図の下での集団的な労働なのである。そこでは、必要に応じて、おそらくは班とか組（与）とかいうグループごとに呼び出しがかかり、作業の内容を指示される。人びとはそれをこなしているのである。そして皆にほぼ同様の作業を言いつけるので、一人一人の作業量に多い少ないはほぼない。そのかぎり「人頭税的」である。

それでもそのことを「人頭税」といってしまうと、誤解を招くであろう。そうではなく、「人頭税的」の「的」を落とさないようにすべきである。残念ながら、安良城はそれを落としている場合がしばしばある。

間切単位に課される租税

「王府－地方」間では、その地方（間切）の名目石高に対していくらと賦課されてくる。この流れの中で、当然に、王府から負担額を示された間切（地頭代《ジトゥデー》に代表される役人）が、村（掟《ウッチ》に代表される役人）を経由して、さらに与《くみ》（組頭・総代・総聞《そうきき》などと称する者たち）を通じて、百姓に賦課するとき、つまり「地方－百姓」間では、石高に基づいての個別割当てはなかった。石高に基づくどころか、そもそも個別百姓への割当てはなかったのである。

それはまた、個別百姓の負担額が間切ごとに集計されて、間切単位に賦課されるのではなく、そもそも間切単位にその負担総額が示される。したがって、貢納の責任は個別百姓にはなく、間切にある。課された租税を地方役人が責任を持って、地域の人びとを指揮して、貢納品／租税品を調達して王府に納めるのである。

「旧慣租税制度」は次のように記している。「現行ノ国税徴収法施行細則ハ村ヲ以テ納税者ト見做《みな》シテ規定セラレタルモノナリ　従テ徴税令書ヲ得タル後《の》チ村内ノ一個人ニ対シテハ如何ナル手続ヲ為《な》シ又タ村ニテハ如何ナル帳簿ヲ備フヘキカヲ規定セス　蓋《けだ》シ旧藩中ニ於テハ重《おも》ニ［主に］間切ヲ以テ納税人ト認メ　間切内ニ於ケル賦課徴収ノ事ハ一切之ヲ間切番所ニ放任シ［任《まか》せて］唯《た》タ仕明《しあけ》知行・仕明請地《うけち》等ニ付テハ 請地状所有者ヲ以テ納税人ト認メタルモノニテ 要スルニ間切ト個人トニ種ノ納税者アルヲ認メタルノ組織ナリシナリ」。

これは、明治に入ってからのことと近世のこととを対比して説明している。これによれば、近世における納税の主体は「間切」であった。王府は間切を「納税人」とし、間切内でどのように賦課するかは、一切「間切番所」に任せていたのである。それが明治になって「村」に変わった。ただし、一部（一割ほど）に「個人」が負担するものもあった。

「一木書記官取調書」も、「仁尾《にお》主税官復命書写」も、「沖縄県税制改正ノ急務ナル理由」も、沖縄県臨時土地整理事務局編「沖縄県土地整理紀要」（一九〇三年。『〈旧版〉沖縄県史』第21巻、一九六八年）も、同様に述べている。昭和の安次富松蔵《あしとみまつぞう》『旧琉球藩ニ於ケル糖業政策』（一九三〇年）も、これらを踏まえているのである。

不可能な滞納処分

「旧慣租税制度」は滞納処分について述べるに先立って、次のように、納税者が二種に分かれると述べている。「旧藩庁［琉球王府］ノ認メタル納税者ハ二種アリ。間切ナル団体ト仕明地ヲ有スル個人トナル」。つまり、一般的には間切が納税者であり、部分的に存在する「仕明《しあけ》地《ち》」（開墾・埋立地。私有とされる）については個人が納税者である。したがって、「怠納」

（滞納）処分も二種に分かれる。

そして、次のように続ける。「当時藩庁カ直接ニ規定ヲ設ケテ怠納ノ処分ヲ為《な》シタルハ 個人ノ納税者タル場合ノミニ限リタルモノ、如シ」。「間切ノ納税者タル場合ニ於ケル怠納ニ付テハ地頭代《ジトゥデー》ヲ拘留《こうりゅう》シテ納人［↓納入］ヲ促カシ 尚ホ完納セサレハ 坐牢《ざろう》若クハ寺入《てらいり》ヲ命シテ終《つい》ニ完納セシメタルモノニシテ 別ニ一個人ノ怠納者ヲ捕ヘテ直接ニ処分ヲ為シタルコトナシ 右 地頭代ニ対スル処分ノ如キハ 寧《むし》ロ 担当ノ間切ヨリ未納ヲ生セシメタル怠慢ヲ責ムルノ懲戒処分ニシテ 租税ノ怠納処分トハ其性質ヲ異ニスルモノナリ」。本来の「租税ノ怠納処分」は、その滞納分を取り立てるためのものであるはずだが、この場合はそうではなく、地頭代を精神的・道義的に責めるものとなっている、というのである。

したがって、「藩庁ハ真ノ怠納者ヲ捕ヘテ之ヲ処分スルコトナク 之ニ対スル処分ハ専ラ間切ニ放任シ置キタルモノニシテ」云々となる。

つまり、王府が間切や村の内部に立ち入って、怠納者個人を摘発し、処分したことはないという。もともと王府レベルでは個人別に分割賦課されていないのであるから、王府レベルでは怠納者を個人別には特定できない。それは間切・村に委ねられているのである。したがって、滞納があれば、間切の役人、すなわちその代表者である「地頭代」を責めることしかできない、という。

では、間切では怠納者をどう処分するか。「間切ハ 所謂《いわゆる》内法《ないほう》ト称スル一種ノ公約ニ基キテ之レカ処分ヲ為シタルモノトス」。そこで「間切内法」の規定を紹介し、そこに「地人《ジーンチュ》ニシテ怠納スルトキハ　掟《ウッチ》又ハ頭《かしら》ハ…直《ただち》ニ其家財・家畜ヲ引揚ケ　売却シテ未納額ニ差向ケ　残余アレハ本人ニ返付シ　不足スレハ妻子ヲ売却セシムルカ　又ハ其親類ニ償却セシメ　尚《な》ホ不足スルトキハ組中ヨリ漸次《ぜんじ》村中　間切中ニ及ホシテ　完納ニ至ラシム　若シ　将来ニ於テ　本人尚《な》ホ未納ノ恐アルトキハ　其ノ土地ヲ引揚《ひきあ》クルモノトス」とあることを示している。

　このような内法は本当に実施されていたのだろうか。「世人《せじん》ハ　単ニ内法ノ規定ヲ見テ　直ニ国税未納ノ為メ　妻子ヲ売却セシムルカ如キ惨酷《ざんこく》ナル処分ヲ為《な》セルモノト速了［早合点］シ　今日ノ聖代《せいだい》ニ有《あ》ル間敷《まじき》事ト非難スルハ　皮相ノ見［見方］ナリ」といい、殊に「妻子ヲ売却セシムルカ如キハ　厳ニ監督シテ実行セシメサル」状況にある、と述べている。

　また、次のようにも述べている。「以上ハ、旧藩中ニ於ケル未納処分ノ大略ニシテ　置県後別ニ未納処分ニ付テ令達シタルモノナキカ故ニ　今日ニ於テモ亦　表面上行ハレ居ルヘキ筈ナリ」。ここで述べたことは「旧藩」（王府）時代の未納処分であるが、「置県後」も新たな「令達」はないので、以前のとおりであろう。「但シ　実際ニ於テハ置県後　村ヲ以テ納税者ト認ムルノ組織ト改マレルヲ以テ　右ノ手続ヲ其侭《そのまま》適用スルハ　事実上為《な》シ能《あた》ハサルモノアルノミナラス　多数ノ間切ニ於テハ　少シク遅滞スルコトアルモ　皆納ノ運《はこび》ニ至リ　又各地方二、三ノ間切ハ　甚シク遅滞スルモノアリト雖《いえ》トモ　専ラ人心ノ収攬《しゅうらん》［人びとの心をあつめてとらえること］ヲ主トスル全局ノ政策上　未《いま》タ強硬［強行］ノ手段ヲ取リタルコトナク　精々《せいぜい》督促ヲナシ　終《つい》ニ完納ニ至ラシムルノ方針ヲ執《と》レリ」。

置県後に、納税者の単位は間切から村に改められたので、滞納処分が事実上できなくなった。ここでは置県後の変化について述べているのであるが、近世においても怠納処分が実質上なかったとみてよかろう。

「沖縄県税制改正ノ急務ナル理由」も、同様である。

個別百姓への課税の実態

間切や村という団体が貢租負担の単位だということから、次の問題が出てくる。上からの指示を受けとめて、米や雑石で課されてくる租税品を、どのように調達するか、という問題である。しかし、これについてはすでに述べた。

ここでは、それを調査した、明治政府から派遣された役人たちの聴き取り調査の記録を見よう。「沖縄県旧慣租税制度」である（来間「沖縄経済の歴史的特質」、『沖縄経済の幻想と現実』日本経済評論社、一九九八年のうち）。

「今日ノ組織ニ於テハ　村ヲ以テ納税者ト認ムルカ故ニ　村内ノ組織ニ於テ　如何ナル賦課徴収ヲ為スヘキカニ付テハ　一定ノ例規ナシ」。村内でどのように徴税するかについては、規程がない、という。一八九二（明治二六）年に次のように定めたが、「慣行」に反するとして、半年後に「再ビ放任ノ姿トナルニ至」った。

どのような制度が実行できなかったのか。それは次の如くである。納税の「伝令書」を受けたら、村は「一人別帳」を作成して、個々の負担者に対して「上納告知書」を配る、負担者は村の掟《ウッチ》に「上納書」を添えて納付し、掟は「領収証」を交付する、と。今でいえば、ごく当たり前の仕組みであるが、当時はそのような慣行はなく、実行できなかったというのである。

もっとも、規程を改正して元に戻しても「一人別帳」は備え、「上納告知書」は発行するように示してあるので、現実には実行されている、ともいう。だが、その言はすぐ覆される。「此等ハ単ニ表面上ノ帳簿書類ニシテ実際ノ取扱上ニ於テハ旧藩以来ノ［明治以前同様の］横帳ヲ用ユルヲ普通トス」。つまり、「一人別帳」や「上納告知書」は作ってあっても、それは「表面上ノ帳簿アルイハ書類」であって、実質は役立てていない、という。そして、「実際の取り扱い」では「横帳」を用いている、という。横長の帳簿であろう。

この「横帳」を見せてもらったが、これらの役人たちには、「到底…了解スルコトヲ得サルモノ」であった。記号などが並んでいたのであろう、意味が分からなかったというのである。それでも、いろいろと聞きただして、一二の事例を残している。

その要点は、以下のとおりである。負担の仕方は、個別に「平分する」（平均に分割する）のを基本としているように見える。しかし、これはどうも「たてまえ」を記したもののようでもある。というのは、「例外」らしく記されているが、特定の租税を特定の家族に、土地を特定して負担させているものがあるのである。

そして、個別百姓に対して分割する手続を記した部分がある。これは、二種からなっている。その第一は、「村掟（→組頭）→各人」と、租税額が告知されていくものである。しかし、これは先に見たように、そのような慣行はないので規定を作っても実行できなかったとした、あの方式のことであり、「たてまえ」を述べたものであり、真実ではないと考えられる。その第二は、「村掟（→組頭）」に伝達されるが、その後のことについては具体的には触れておらず、完全にぼやけているものである。そのことは、各人への伝達がないと理解すべきであろう。砂糖や貢布などの事例の検討の結果と対応しているのである。こちらが真実に近いものであろう。

第7話

貨幣は流通していたか

琉球は近世になっても、商品の生産はなく、したがってその流通はなかった。貨幣はあるにはあったが、それが広く流通する契機はほとんどなかったのである。すでに見たように、商品になりそうなモノとして、砂糖・鬱金・反布などがあったが、それは貢納品／租税品にとどまっている。琉球の外に持ち出されて、そこからは商品となるが、琉球の内ではそうではない。

ただ、薩摩藩との関係、中国との関係では、それなりに商品が動くので、それに伴う貨幣も出てくる。それは、庶民レベルのことではなく、ほぼ琉球王府のレベルでの商品であり、貨幣なのである。

日本の貨幣制度の整備

参考にした文献は、滝沢武雄《たきざわたけお》『日本の貨幣の歴史』（一九九六年）、東野治之《とうのはるゆき》『貨幣の日本史』（一九九七年）、村上隆《むらかみたかし》『金・銀・銅の日本史』（二〇〇七年）ほかで、これらによって、日本の貨幣史を描く。

日本は、奈良・平安時代には貨幣（コイン）を鋳造《ちゅうぞう》したが、よく流通することはなかった。その後、鎌倉時代から戦国時代に至るまで、自ら貨幣を鋳造して、流通させるということをしていない。それでも貨幣の必要は増していった。使用されたのは、中国からの渡来銭《とらいせん》を中心に、それを模造した私鋳銭《しちゅうせん》などであり、小銭のみであった。しかし、社会の展開が貨幣を不可欠とするようになり、中央政権が金銀を貨幣として使用させる方向がしだいに打ち出されていく。

それに取り組んだのは豊臣秀吉《とよとみひでよし》である。この政権の主な財政的基盤は、直轄地（全国の石高の一二％を占める）と、金山・銀山を所有し、また金座・銀座からの運上金《うんじょうきん》（「運上」とは、もとは物資を京へ運び上ることをいったが、のち農業以外の商業・工業・鉱業・漁業などからの、いわば営業税のことをいうようになる）を徴収した。秀吉は、悪銭が横行してもそれを止められないという混乱状態から抜け出るために、しだいに金銀を基礎とした通貨制度を組み立てていく。一六世紀後半から、各地で金山・銀山などが開発され、それが増産されるようになったことがこの事業を支えた。

この政策は徳川家康《とくがわいえやす》に引き継がれた。豊臣家の金山・銀山、その他の鉱山は徳川家に引き渡された。佐渡《さど》金銀山、石見大森《いわみおおもり》銀山、但馬生野《たじまいくの》銀山、伊豆《いず》金銀山などである。これを基礎に、金銀を軸にした貨幣制度を整備していく。そして金貨（大判・小判・一分金《いちぶきん》）・銀貨（丁銀《ちょうぎん》・豆板銀《まめいたぎん》＝小玉銀）を軸に、銭貨《せんか》（銅銭＝銭《ぜに》＝寛永通宝《かんえいつうほう》）を加えた。

まず、金貨と銀貨の鋳造体制を整え、その安定的な流通をめざした。大判は、秀吉の天正《てんしょう》大判に始まり、家康が慶長《けいちょう》大判として引き継いだものであるが、「いずれも、主として儀式・奉献・恩賞・献上など儀礼的な場面で使用された」（滝沢）。金貨は、一五九五年（関ケ原以前）、家康が秀吉の許可を得て「小判座《こばんざ》」を設け（村上）、後藤祐乗《ゆうじょう》を初代とする後藤家に委《ゆだ》ねたことに始まり、のち「金座《きんざ》」となって定着した。

銀貨は、京都の伏見に「銀座《ぎんざ》」を設けて、大黒常是《だいこくじょうぜ》の責任の下で鋳造させたことに始まる。その後江戸、京都、大坂、長崎にも設けられたが、最終的には江戸に一本化された。銀貨は秤量《ひょうりょう》貨幣であり、重量を秤《はか》って使用された。丁銀も豆板銀も形や重さは一定していないので、両者を組み合わせ「包封して」、つまり、一定の分量を予《あらかじ》め秤って紙に包み、鋳造者が責任をもって「いくら」と表示したものが流通した。

銭貨《せんか》は、混乱していた前代からの小銭の流通を秩序づけていったものであるが、一七世紀末になってようやく落ち着いた。それはほとんどすべて寛永通宝の名を持っているが、鋳造は寛《かん》永《えい》一三年（一六三七年）に始まり、明治元年（一八六八年）に至る間に七〇余種も鋳造されている（細かい違いをも捉えると一〇〇〇にも及ぶと言われる。滝沢）。その発行権は、希望者／申請者に与えられた。そこは「銭座《ぜにざ》」と呼ばれる。それは江戸と近江《おうみ》で始まり、水戸、仙台、長門《ながと》、備前《びぜん》、豊後《ぶんご》などにも広げられた。

このように、貨幣の製造は、造幣局《ぞうへいきょく》のような役所が行うのではない。金貨は後藤家の金座で、銀貨は大黒家の銀座で、そしてまた銅銭である寛永通宝はそれぞれの銭座で、造幣された。金座と銀座には、幕府の役人も派遣されるが、それぞれは私企業であった。

後藤家や大黒家は、製造高に応じて収入を得る一方、その利益の中から幕府に冥加金《みょうがきん》や運上金を上納した（冥加金の「冥加」は、神仏の加護のことで、それへの謝礼としての金銭のことだったが、江戸時代には税の一種をそういった）。銭貨製造者も運上金を負担する。

興味を引くのは、金・銀・銅という三種の貨幣があるが、それは相互に換算されるものではなく、それぞれが独自に流通するのである。そして、金貨は四進法（一両が四分《ぶ》、一分が四朱《しゅ》）、銀貨と銭（銅銭）は十進法で計算された。また、それぞれに相場の変動がある。したがって、その組み合わせや換算はきわめて複雑となり、そこに両替《りょうがえ》の必要が出てくる。それを専門にする両替商は金融業者といっていい。地域的には、西日本は銀中心、東日本は金中心という、いわば別々の通貨圏となっていたことも注目される。

なお、幕府の管轄する貨幣のほかに、それぞれの領国《りょうごく》で発行する「領国貨幣」もあった（滝沢）。地域（領国）経済の展開と関連して、その必要が生まれていたのである。それは基本的にはその領国内でのみ通用したが、領国の外に出ても通用したし、中央（幕府）の貨幣と交換されることもあった。しかも、そのような領国貨幣が、特定の地域ではなく、ほとんどの地域で流通していたのである。

江戸時代後半の貨幣

その後の日本の、貨幣にまつわる転機は三つほどある。

元禄《げんろく》という時代は、一六八八年から一七〇四年まで、つまり一七世紀の末尾に位置する。将軍でいえば、第五代綱吉《つなよし》の時代である。そこで勘定奉行を勤めたのが荻原重秀《おぎわらしげひで》で、放漫財政／財政危機の対策として、貨幣改鋳《かいちゅう》を進めた。

財政対策の意味だけでなく、貨幣需要の高まりへの対応もあった。畿内を中心に農業技術が進歩し、生産力が向上し、商業的農業が発達した。そこから貨幣需要は高まっていったので、貨幣の供給を増やす必要があったのである。しかし、他方で金銀の産出額は減退していたため、鋳造量は増やせない。この局面の打開策として貨幣の質を落とした（金銀の含有量を減らした）のである。それは、続く宝永《ほうえい》年間（一七〇四〜一一年）も同様であった。結果は物価の上昇を招き、狙った効果もよくは挙げられなかった。一七一二（正徳《しょうとく》二）年、荻原は罷免され、新しい金銀貨が発行された。ただ、地域ごとの「領国貨幣」が幕府貨幣に統一されていったことは、荻原の功績とされる（滝沢）。

次に、田沼意次《たぬまおきつぐ》による貨幣改革がある（東野）。時代は明和《めいわ》（一七六四〜七二年）・安永《あんえい》（〜八一年）・天明《てんめい》（〜八九年）に及ぶ。田沼はまず、「明和五匁銀」を発行した。これによって、日本の銀貨は初めて「計数貨幣《けいすう》」となった（それまでは「秤量貨幣《ひょうりょう》」だった）。つまり、表面に「銀五匁」とあって、秤量しなくても通用できるようにしたのである。それは、それまで「江戸は金づかい、大坂は銀づかい」だったのに、東西の経済交流が深まって、その統一を求める動きが出てきたことに対応したものであった。しかし、それは「五匁銀」では達成できず、「明和南鐐《なんりょう》二朱銀」という新貨によって果たされていく。田沼は次に、材料として外国の金貨・銀貨を輸入して新貨を造った。このことによって、「金貨と銀貨の体系が、一本化する方向に進みだした」。また、この「二朱銀」は、銀の含有量は多くないが、政府の権威で価値が生じる、いわば「名目貨幣」となったのである。田沼は第三に、「寛永通宝四文銭《しもんせん》」を発行した。それまで寛永通宝は各種発行されていたが、すべて一文銭の銅銭であった。これを大きな「大銭」とし、まさに質に関係なく、四文銭として通用させたのである。時代がそれを求めていた。

時代が下って、天保六（一八三五）年には「天保通宝」が、「百文銭」として発行された。これは田沼の四文銭を引き継ぎ、さらに輪をかけて、質に関係なく名目で通用させたものである（この流れの先に、幕末以降には「紙幣」が出てくる）。

さらに「文化《ぶんか》・文政期《ぶんせい》」をとりあげる。文化は一八〇四〜一八年、文政はそれに続く一八三〇年までで、将軍は第一一代家斉《いえなり》の後半に当たる。小説・戯曲・浮世絵などの町人文化が栄えた時代として知られる。この間に「文政の貨幣改鋳」があった。貨幣の質を落として、そこに生まれる差益を幕府財政に振り向けたのである。もちろんインフレーション（物価の上昇／貨幣価値の下落）は起きたが、この場合は経済の展開からくる需要に応えたものであって、その面では評価されるし、一方で年貢を増徴しなかったことも注意点である。

このような、貨幣改鋳による貨幣価値の下落と財政補充策は、後の天保期にも行われる。江戸時代の後半は、貨幣については、その改鋳＝質の低下をくりかえすという時代であった。

「開港」に始まる幕末の貨幣の混乱については、ここでは省く。

以上、江戸時代の日本では、幕府による貨幣の鋳造があり、貨幣政策があり、貨幣の流通が社会を支えていた。

貨幣なしでは動けない社会

大事なことがある。江戸時代は、貨幣なしには社会が成り立たない仕組みになっていた、ということである。

租税のほとんどは米で徴収される。しかし、武士たちの暮らしは米だけでは成り立たない。中世までの社会では、米以外にも、いろいろな必要物を租税として徴収したり、直接生産したり（させたり）していた（そこにも商品は少し生まれたが）。江戸時代は、米で入ってくる幕府と諸藩の収入を、必要な他の物品に変えなければなり立たないのである。

特に江戸の町は、人口が一〇〇万人にもなっていく。そこに住むほとんどが武士や町人という消費者ばかりであり、モノの生産にかかわらない。農水産物は近郊の農漁村から供給されるが、それ以外のモノの生産の中心は、大坂や京都を中心にした上方《かみがた》（関西）である。そこから米以外の必要物資を取り寄せねばならない。そこに広域の流通が成立した。

江戸で収納する米を関西に届けてそれを売り、改めて必要物資を購入し、それを江戸に運ぶというのでは、無駄が多すぎる。そこで、地域によっては米をいきなり大坂に運んで売りさばき、必要物資を購入して、それを江戸に届けるようになる。そして、モノを行き来させるだけではなく、書付をやりとりする、つまり「為替《かわせ》」が発達した。現物の米や他の物資、現金の移動を補うために、書面によって取引を相殺《そうさい》する仕組みである。

このように、江戸時代は広域流通が発達し、それを媒介する役割を、貨幣や為替が果たしていたのである。貨幣なしには社会が動けないのである。

琉球近世の貨幣

さて、琉球の近世に話を進めよう（来間「琉球近世における貨幣流通」、沖縄国際大学南島文化研究所編『南島文化』第36号、二〇一四年）。結論的には、琉球近世において貨幣の流通はほとんどなく、わずかに那覇・首里において商取引があり、そこで流通していたことが確認できる程度である。

「旧琉球藩貨幣考」は、『〔旧版〕沖縄県史』第21巻（旧慣調査資料）に収録されているもので、明治一七（一八八四）年またはそれ以降に記されたものである。これを要約すれば、次のようになる。

鍋銭《なべせん》、鐚銭《びたせん》、鉄銭、銅銭（中国銭）、四文銭《しもん》、五文銭と、呼び方は各種あるが、いずれも質の低い粗悪銭であり、これらは相互に同等の扱いを受けた。鳩目銭《はとめせん》は、これらの五〇分の一の価値しかなく、極端な小銭なので、一〇〇〇枚をひもに通して一貫文として通用した。それでもほとんど流通しなかった。天保銭は幕末から出てきたもので、その流通の様子は分からない。金銀貨は民間では流通しなかったが、中国との貿易には使われた。

交換・流通の実態については、次のように述べている。旧藩時代（近世）において流通した貨幣は、その種類のどれをとっても足りなかったのであるが、当時は、たいていは物々交換で通っていたし、物価は低廉で、普通の日用品の多くは五〇文、一〇〇文にすぎなかったので、最も広く流通していたのは銅銭（一厘銭）と鉄銭（鍋銭）の二種であって、どちらも五〇文の価値で通用したのである。

真境名安興《まじきなあんこう》『沖縄一千年史』（一九二三年）は、次のように述べている。「要するに、琉球にて通用せし貨幣は、鳩目銭、鉄銭、銅銭（文久通宝を四文銭《しもんせん》といひ、寛永通宝を五文銭といひ、倶《とも》に裏面に鱗形あり）等ありて、外に支那銭（乾隆《けんりゅう》通宝、道光《どうこう》通宝、咸豊《かんぽう》通宝等、多種あり）

を混用せりと雖《いえど》も、鳩目銭は通用不便なりしを以て、平時は政庁の倉庫に貯蔵し、冊封使の渡来時のみ、本土の銅銭等を隠匿《いんとく》して、之を使用せしめ、其《その》帰るや、復《また》之を引揚げて倉庫に収めたり。鉄銭は、文久元年以前にありては、銅銭と同価格を有し、鳩目銭五〇文に相当せしを以て、普通之を五〇文銭と称したり。然るに、其後、時々銅銭との交換歩合を異にせしを以て、爾来《じらい》之を延銭《のべせん》と称せり」。

そのまとめは、「このように、貨幣の種類は多かったが、主として物々交換で有無を通じていたので、貨幣の流通高は多額に上らなかっただろう」としている（拙訳）。

東恩納寛淳《ひがしおんなかんじゅん》「南島通貨志の研究」（一九五五・五六年）は、次のように述べている。琉球では、自らの持つ永楽通宝は中央に吸い上げられていき、代わりに京銭《けいせん》（東恩納はそういう。「きんせん」）・鐚銭《びたせん》が入ってくる（経済力の差がもたらしたことなのであろう——来間）。それも京銭と鳩目銭が併用されたり、鳩目銭だけになったり、逆に京銭だけとなったりという変遷があったようである。しかしついには、最も価値の低い鳩目銭のみに使用が限定されるが、それは名目として、東恩納がいうように「銭貨計算の基本」（基準）として、文書上に限っての使用であって、実際にはやはり取り扱いが不便で、流通はしなかったのである。なお、鐚銭とは、「金偏《かねへん》」に「悪」と旁《つく》るように、質の悪い銭のことである。

一七世紀琉球での貨幣流通

以下、先行する研究者の記述に導かれながら、時代順に貨幣流通の様相を整理していく。

まず、一六〇六年の「夏子陽《かしよう》使録」がある。「首里・那覇の二カ所に市があり、女性や僧侶が集まって交易するが、野菜や穀物、魚、塩のたぐいに過ぎない」（真栄平房昭《まえひらふさあき》「市場と商工業」、共著『〔新版〕沖縄県の歴史』二〇〇四年のうち）。「女の商人が市で交易する者は、日に二貫を獲れば、即ち利と称す。蔵して二三百貫あれば、即ち中産の家と為す。琉球を貧と称するは、まことに然り」（嘉手納宗徳《かでなそうとく》『琉球史の再考察』一九八七年）。

島尻勝太郎《しまじりかつたろう》「薩摩侵寇直前の琉球―夏子陽使録を中心に―」（『近世沖縄の社会と宗教』一九八〇年、初出は一九七四年）は、次のように述べている。「この銅銭の通用は主として首里那覇の地で、地方での通用は一般的でなかった。首里那覇では市場があって銭が用いられていたようである。…市場で交易されるのは、野菜や、穀物、魚、塩のような日用物資であったことを示して居り、女子がこれに当たることは、歴代冊封使のすべて記すところである」。

真栄平は、次のように述べている。「首里の真和志之平《まわしのひら》等には雑貨市があったが、那覇にくらべて商業は発達しなかった。首里では商活動が規制されたからである。〈首里市地〉の南に〈小店〉を創置したのは、康熙《こうき》五四（一七一五）年であった（『球陽』巻10尚敬王三年条）。那覇の

「発達した商業」についての記述はない。

次に、一六六三年に来琉した冊封使張学礼《ちょうがくれい》の使録『中山紀略』がある。「天使館［久米村在］の前に空地《あきち》があったが、毎日午後になると、老女や若い女の商人達が籠や箱に商品を入れ、空地にむしろを敷いて商品を並べあきないをした。ひまをもて遊ぶ様《よう》であった。そこで数時間あきないをし、夕方近くなると、それぞれの荷物をまとめ、家路へと急いだ」（嘉手納）。「老人や若い女たちが笊《ざる》や籠《かご》をもって集まり、市を開くのだが、まるで遊んでいるかのようである。日暮れ近くなって帰ってゆく」（真栄平）。

真栄平は、「ゆったりした雰囲気のなかでおしゃべりを楽しむ女性たちにとって、物々交換の露天市は日常的コミュニケーションの場でもあった」としている。市はあったが、熱心でもなく、「物々交換」、つまり貨幣が媒介した取引ではない、ということになる。

さらに、一六八三年に来琉した冊封使汪楫《おうしゅう》の『使琉球雑録』もある。「那覇市易の所は、馬市街と曰《イ》ふ。首里も亦 馬市街あり。皆婦女 市を為《な》す。午後 各《オノオノ》 市場［↓地物］を戴き、ことごとく集まりて地に席して列座す。市する所は皆 油 塩 醢《かい》［塩辛］菜の属にして 豆腐・番薯［蕃薯、甘藷］尤《もっと》も多し。此の外は 則《すなわ》ち 紙扇・木梳《もくそ》［櫛《クシ》］、糸絲［煙草］・草靸《そうそう》［草履《ぞうり》］のみ。稲米は售《う》る者無し。以《おも》ふに［おそらく］百姓は皆 薯を食し、米を食するを得ざるならん」（仲《なか》地哲夫《ちてつお》「近世那覇の経済」、『那覇市史 通史篇第一巻 前近代史』一九八五年のうち。カタカナのルビと［ ］は来間）。

仲地はいう。「市場にすわって食料品や日用雑貨を商っているのは女性だけであった」。「そこには豆腐やさつま芋が多く、米は販売していなかったようだ」。

真栄平も、右の文を訳していう。「那覇の市場は、馬市街《まちや》といい、これは首里にもある。みな婦女によって営まれている。午後に品物をもち寄ってきて、地面にそれぞれ席をこしらえて商いを行なう。品物は油、塩、醢《かい》（塩辛）の類で、豆腐やイモも多い。そのほかに紙扇、木梳《くし》、タバコ、草履が並べられているが、米は商《あき》なわれていない。おそらく百姓の間ではイモを主食とし、米を食することができないためであろう」。真栄平はこれについて「おもに食料品や日用雑貨が取引されたのである」とコメントしている。貨幣が使われていたかは分からない。

嘉手納も、汪楫の記述をも紹介している。「那覇の市場の所を馬市街と曰ふ。首里にも亦 馬市街あり」（以下、略）。嘉手納は「馬市街」を「マチ小《グヮー》」と読んでいる。

すなわち、一七世紀に入ると、時間を限定した臨時の市場ができているが、そこでの取引はごく小さな単位の貨幣が使われただけであった。そして地方では貨幣はまだ流通していなかったのである。

しかし真栄平は、「貨幣の流通と商品経済の展開」（同上書）では、次のように論じている。一七世紀のこととして、「寛永銭」や「鳩目銭」が流通していたとしている。それは「日本経済圏との結びつきの深さを示している」という。流通していた、その程度を問うことなく、「日本経済圏との結びつき」をいい、しかもそれを「深い」としている。そうだろうか。

一八世紀の貨幣流通

一七一九年の徐葆光《じょほこう》『中山伝信録』がある。真境名は「市中、交易銭を用ゐて、銀なし、銭輪郭なし。間々、旧銭ありて、鵝眼の大なるものの如し。磨漫の所、或は洪武の字あり。已《すで》に絶えて少《すくな》し、云々」と紹介しつつ、「鵝眼の大なる旧銭のことを叙せしは、蓋《けだ》し先述せし古銭の無文銭なるべし」。また、「洪武の二字あるは洪武通宝《こうぶつうほう》にて、薩州にて鋳造せしものあるべく、或は支那より渡来せしものもあるべし」ともいう。

「早晩両集す〔朝と晩の二度集まる〕。市集男人なく、倶《とも》に女市をなす。市《う》る所の物、たゞ魚・蝦《エビ》・番薯〔蕃薯〕・豆腐・木器・磁碟・陶器・木梳〔櫛〕・草靸〔草履〕など麄下《ソカ》の物〔粗雑な物〕のみ。仕宦《シカン》の家〔官吏の家柄〕多く市に入らず」（仲地）。

仲地は、次のようにいう。「市場で商売をしているのは女性だけであると指摘している。また、市場といっても高級な品物はなく、食料品と雑貨が売られているだけで、上流階級の人々が市場にやってくることはないと述べている」。

嘉手納は、昭和戦前期に体験した那覇の町のようすを重ねて、このような「宦家の者は入らない全くの庶民のマチの形はそのまま近代に及んだ」と述べている。

一七五六年には、周煌《しゅうこう》の『琉球国志略』がある。「女集、向に天使館《テンシカン》の東、天后宮《テンコウグウ》の前に在り。後、馬市街に徙《ウツ》る。今移して辻山《ツジヤマ》沿海披《ヒ》上《ジョウ》に在り。早、晩両、集す「朝と晩の二度集まる」。男人なく、倶《トモ》に女のみ市を為《ナ》す。市物は惟《タ》だ、魚、塩、米、菜及び粗窳陶、木器にして、間々《ママ》土織蕉、棉布有るも、亦極めて薄悪、価も復《マタ》賤ならず。道中、肩担背負する無く、凡《およ》そ柴薪、米、豆 累《カサネ》て百余斤の者は、女人 悉《コトゴト》く首を以てし、草圏を襯《ハダギ》して之を頂く、垂手曳袖、偏堕する者無し。聞く、首里の市集も亦 女人之を為す、と」（仲地）。

仲地は、次のように述べている。「右の記録に〈女集〉とあるのは、物売りの女性が集まっている市場のことである。当時は辻の海辺の小高い所に市場があったらしい。朝夕二回、市場が開かれていたが、男性は見受けられず、そこで品物を売っているのは女性だけであったというのである。そこでは食料と生活用具や衣類などが売られていた。首里の市場で商いをしているのも女性だけであった。市場で働いているのは女性だけというのが、中国人の彼らにとっては理解しがたいことであったらしい」。

真栄平は、「康熙六一（一七二二）年、那覇里主《さとぬし》の玉城《たまぐすく》朝薫《ちょうくん》は、泉崎《いずみざき》村に〈飯店〉を開設し、飯・酒ほか雑貨をあきなった（『向姓辺土名家家譜《しょうせいへんとなけかふ》』）。店構えをもつ町屋はまだ少なく、路傍に座った女たちが唐傘の下で食料や雑貨を売る、のんびりした露天市の風景が広がっていた」と述べている。ここでも、取引を媒介したのが貨幣であるかは分からない。

「旧琉球藩貨幣考」には、すでにみたように、銅鉄銭が鳩目銭と取り替えられることを記している。東恩納寛惇「南島通貨志の研究」はこのことに年代を加えて（一八世紀にあたる）次のように紹介している。「江戸中期、琉球では尚敬《しょうけい》前後から銅銭の海外流出を惧《おそ》れて、冠船［冊封使の船］滞在中、京銭を引揚げて専《もっぱ》ら鳩目小銭を通用させたものであった」。そして、そのことから分かることとして、「斯《か》く［このように］簡単に、銭貨が取替えられる事から見ても、その市場に通行［流通］した量は、大した数量ではなかったように考えられる」とコメントしている。

東恩納には「経済上より観たる対琉政策」（一九〇八年）という論文もある。そこでは、貨幣の流通状況を次のように書いている。「琉球の経済社会に大なる故障［支障］を与へ、延《ひ》いて島津氏の貿易政策に一大影響を及ぼせしものは、流通貨幣の欠乏これなり」。琉球近世の社会では流通貨幣が少なくて、そのことが問題だったということである。だから「物々交換は、極めて近年［論文執筆時の二〇世紀初頭―来間］まで、地方 離島に於ては行はれたり」。つまり、地方や離島では、二〇世紀初頭まで「物々交換」がなされていて、貨幣の使用はなかった、と述べている。「殊《こと》に元禄前後［一八世紀初頭］にありては、首里・那覇の如き都市に於ても」物々交換があったといい、「其頃出《い》でたる狂言忠孝婦人の脚本」の中の「物売の台詞《せりふ》」をもとに「大市場に於ける日用品すら、五穀と交換せし」、つまり物々交換であったと指摘している。

一九世紀の貨幣流通

一九世紀についての真栄平の記述は、次のようである。①一八四五年来琉のイギリス船のベルチャー艦長は、女性たちが大勢、「市日《いちび》」（臨時に開かれる市の日）に広場に集まって、「米やその他の日用必需品の交易をしている」のを見た。②一八五三年来琉のアメリカ・ペリー艦隊のウィリアムズ通訳官は、女性たちが大勢集まっている「青物市場」を見た。また、久茂地《くもじ》川《がわ》沿いの道では「足駄《あしだ》［下駄］、陶器、豆腐、もやしを売っている露店」を見た。同じ艦隊のハイネ画家は、女性たちが大勢集まって、「豚肉、鳥、豆、イモ、ネギ、キュウリなどのような各種の野菜を販売している」のを見た（ペリー艦隊の市場観察記録は第9話で紹介する）。③一八五四年来琉のロシア人ゴンチャーロフは、村はずれの小さな市場で、日傘の下で「焼き豆腐など」を売っているのを見た。

まとめとして、真栄平は「一八世紀中期から一九世紀にかけて商品経済の展開は琉球社会に大きな影響をおよぼし」たとするのであるが、「商品経済の展開」はなかったのである。例えば砂糖は、琉球内では租税品としてしか存在していないから、商品ではない。それが王府によって鹿児島に運ばれて販売される。ここからは商品となる。つまり、琉球の外に出ると商品になるのである。そのようなモノが「琉球社会に大きな影響をおよぼ」すはずがない。

なお、高良倉吉《たからくらよし》「海上交通の状況」（豊見山和行・高良編著『琉球・沖縄と海上の道』二〇〇五年）が、「近世」の海上交通の様相を描いている。「首里・那覇と琉球各地を結ぶ海運が広汎に形成されただけでなく、島嶼と島嶼をつなぐ行政的な交通連携も構築され、そのうえで海運界に民間活力が参入するというダイナミックな状況が現出した」。「中央と地方、地方と地方の往復や連絡の頻度が高まった」ため、陸上交通と海上交通が発達した、というのである。例えば「日用雑貨を積んで各地を経由し、目的地の沖縄島の北部（山原《ヤンバル》という）で商品を売り、帰りの航海ではおもに薪・材木を積んで都市にもたらした」などを指摘している。この指摘はほぼ妥当と思われるが、その媒介者として貨幣がどの程度存在したかは分からない。その多くは、「日用雑貨」と「薪・材木」との物々交換であった可能性が高いのではなかろうか。

高良はまた「泡盛とその流通」（同上書）を描いている。泡盛が「商品」であった可能性は高かろう。しかし、その流通が貨幣によって媒介されていたかは、不明とすべきであろう。

夫役銭というもの

琉球近世においては、「夫賃《ぶちん》」「夫役銭《ぶやくせん》」というものがあった。それは、夫《ぶ》すなわち労働の対価を、金銭で清算したものと理解されてきた。しかし、それが誤解であったことについては、私は「琉球近世における夫役銭の意義」（『南島文化』第35号、二〇一三年）で指摘した。ここでは、この理解を基礎において、以下の検討を進める。

東恩納の先の論文は続けて「元禄九年［一六九六年］建立の臨海橋碑文に刻されたる計開費

目」を紹介している。「石細工《いしざいく》四五七五人　工銭鳩目銭一万六〇二五貫文　日用夫《ひようぶ》二万四〇二九人　工銭鳩目銭四万八〇五八貫文」である。これによって「所謂《いわゆる》薄小無文の鐚銭《びたせん》が計算の単位となり、且つ石細工一人の賃銭、僅かに鳩目銭三貫五〇〇文、日用夫一人二貫文にて、…又以《もっ》て当時の経済情態の一斑《いっぱん》を覗《うかが》ふべき也」と述べている。

これに関して二つのことが指摘できる。一つは「鐚銭が計算の単位とな」っていたということである。これは、計六万四〇七〇貫文という鐚銭＝鳩目銭が、動員された人びとに工銭（工事の手間賃）として支払われたというのではなく、これらの労働が六万四〇七〇貫文に当たると記録されたということであろう。それは彼らが負担させられている夫役（これは金銭に換算されて夫役銭・夫銭となっている。後述）や、他の租税と相殺されたものと思われる。東恩納は、このことを意識してはいない。

そこで、もう一つ。東恩納は「当時の経済情態」がきわめて低いレベルであったと述べているが、それは、この程度のわずかの銭しか支払われなかったと見たからの感想であって、物々交換と、労働で諸負担を果たす世界であることからすれば、不思議ではない。このことをもって、経済の水準が低いとするのは了解できるが、これを賃金水準の低さとみるのは、当を得ていない。

仲地哲夫《なかちてつお》「琉球の歴史と民衆」（沖縄国際大学公開講座委員会編『琉球王国の時代』一九九六年のうち）は、この臨海橋ほか五つの橋について、夫役《ぶやく》に主眼をおいて検討している。夫役に対する賃銭を、石大工・日用夫・間切夫別に示しつつ、間切夫については「その工銭は直接本人の手に渡ったのかどうかについても、必ずしも明らかではありません」と述べているが、一方で「日用夫が間切夫の二倍の賃銭をもらっていた」、「日用夫は賃稼ぎであった」としていて、日用夫や間切夫の賃銭は通貨で支払われたが、間切夫の工銭は不明としていることになる。

実は、日用夫が間切夫の「二倍の賃銭をもらっていた」のではなく、「二倍の賃銭として評価されていた」のであろうし、日用夫は「賃稼ぎであった」のではなく、「夫賃に換算されて評価されていた」のであろう。そしてもちろん、間切夫の「工銭は直接本人の手に渡ったのかどうか」と、仲地が疑問を残していることについていえば、貨幣で渡すことはなかったであろう。

仲地は続けて、東恩納のいうように「〈鳩目銭五〇対銅一の相場〉で計算すれば、銅銭二〇文は鳩目銭一貫文に相当しますが、それは当時の夫銭《ぶせん》（夫役銭、一人につき一貫文）と同じ額です」としている。仲地自身が一六九七年の「法式」でも、「男一人一日につき一貫文ずつ」という換算率であったことを指摘しているように、これは、夫役銭がかなり前から（おそらくは羽地仕置のころから）一人一貫文に固定されていたということを示しているのである。そうであれば、「夫役に対する賃銭」は実際に金銭（貨幣）が支払われるのではなく、単なる計算基準であったというように理解できるであろう。

つまり、夫銭・夫役銭というのは、実際の貨幣がそこに介在するのではなく、夫・夫役の量を測るのに使われていた、貨幣／銭表記の「労働量」なのである。

夫役を賦課されたとき、文字どおり労働をする場合と、それに代わる雑物《ぞうもの》（野菜・魚・肉・薪炭・材木その他）を納入する場合がある。一人一日の労働は「一貫文」であった。一方の雑物を納入する場合、労働に置き換えたらいくらになるか、という換算が必要だった。その換算を「夫役銭」という計算基準を使って処理していたのである。

問切番所・村屋には、「諸品定代帳《しょしなじょうだいちょう》」という「定価表」が供えられていた。夫役銭という貨幣が百姓から納められたり、逆に夫役を勤めたから百姓に夫役銭という貨幣が支払われたりというのではない。百姓が負担すべき夫役が夫役銭でいくらと評価され、実際に夫役を勤めればその分量（労働日数）が夫役銭でいくらと評価されていた。また、百姓が雑物を納める（納めさせられる）時への対応として、あらかじめそれらの代価を夫役銭でいくらと評価し記録しておいて、両者を比べて、夫役の負担量と相殺していた。

例えば、二日働いたら「二貫文」と評価されるが、魚を五匹納めたら「一貫文」、一〇匹納めたら「二貫文」と評価される。両者は同等というわけである。

夫役銭は、貨幣の実際の流通を表現しているものではないのである。

琉球と薩摩藩との間の貨幣流通

琉球王府は、域内の間切から租税として砂糖・鬱金《うこん》・反布などを現物で徴収していた。それらを収納した王府は、これを薩摩に運び、一部は薩摩藩に納め（「仕上世《しのぼせ》」という）、他の一部は出先機関「琉球館」で、出入りの薩摩商人（「立入《たちいり》」「用聞《ようきき》」という）に販売した。したがって、そこでは貨幣が流通していたのである。また、王府は、そこで入手した貨幣でもって、王府自らの必要物資と、琉球の人びとの必要物資を購入して、琉球に持ち帰った。しかし、すべてを物資購入に充てるのではなく、貨幣そのものを持ち帰ることもあった。

例えば、砂糖のうち、租税を超える分の「焼過糖《たきか》」の代金は、間切に対しては貨幣では支払われず、薩摩で購入した物資そのものを渡すのである。また、「自物砂糖《じもの》」といって、地頭たちが自らの噯《あつかい》間切・村にある地頭地で造らせた砂糖があり、これも薩摩に運ばれて、琉球館で販売された。これは地頭たちの私物であり、販売代金は地頭たちのものである。これも、自分たちの必要物資を購入する（琉球館に詰める役人に購入してもらう）が、余った貨幣は琉球の地頭たちに届けられよう。

この場合、王府と地頭たちの行動は薩摩では貨幣を媒介にしているが、琉球に戻れば、そこでの物資の流通は、ほとんど貨幣を媒介にしはしない。貨幣はいくらか王府や地頭たちの手元に残っているが、琉球内で各種の商品が広く出回っているわけではないので、次に使用する機会を待って退蔵／蓄蔵される部分が多いことだろう。

どのような物資が薩摩で調達されたか。真栄平房昭《まえひらふさあき》「琉球貿易の構造と流通ネットワーク」（豊見山和行《とみやまかずゆき》編『琉球・沖縄史の世界』二〇〇三年のうち）は、琉球から中国に「輸出」されたものとして、昆布、薬（富山の薬売りが昆布も運んだ）、鰹節、フカヒレ（鱶鰭《ふかひれ》）を挙げている。これらすべてが薩摩以北の産物であり、薩摩で調達されたと考えられる。他に永良部鰻《えらぶうなぎ》（燻《くん》製《せい》）も挙げている。琉球の産物としては、これのみといえそうである。

少し時代は下るが、明治八年（一～一一月）の「那覇港輸出入品」について、河原田盛美《かわらだもりよし》（琉球藩を担当し琉球に勤務していた中央役人）が書き留めた資料がある（「琉球備忘録」一八七五年、『〔旧版〕沖縄県史』14）。「輸入品」（合計二五万八千円）は、薩摩で購入した物資であろう。金額で大きな方から順にあげる。一万円を超える品目は、米九万四千円（三七％）、茶三万八千円（一五％）、種油一万九千円（七％）、ここまでは飲食料関係で、他に縄三万五千円（一四％）がある。米や茶や種油の大半は、王府内の需要にほぼ対応していたであろう。

一方、「輸出品」（合計三四万四千円）、つまり薩摩向けに出荷された物資は、黒糖二二万七千円（三七％）、紺地木綿絣八万三千円＋細上布二千円（二五％）となっている。この二つは租税収納品であり、その仕上世である。

他に、焼酎（泡盛であろう）、漆器、豚肉、生牛皮などがある。萩尾俊章《はぎおとしあき》『泡盛の文化誌』

（二〇〇四年）は、次のように述べている。「酒屋は王府の役所（銭蔵・御用酒御蔵）を通して原料の米や粟を支給されていた。三俵（九斗）に対して四斗の割合で御用酒を上納した。実際には四斗五升から四斗八升の泡盛ができて、酒屋は上納した分を差し引いて、残りを市販し、売上金の一部をさらに上納する仕組みであった」。つまり、泡盛は、王府が製造者に原料の米・粟を渡して、できた泡盛を一定の割合で納付させるものであった。したがって、八割前後は王府に渡り、二割程度は業者の手元に残るのであるが、この「輸出品」に出てくる泡盛も、基本的には王府のそれであったと思われる。

さらに、漆器も、王府に勤める職人たちの作ったものであった。

こうしてみると、琉球が薩摩との関係で、商品として売り、また買っていた物資は、王府の所有物が大半であって、一般の、商品といえるものはごく限られていたといえよう。

琉球と中国との間の貨幣流通

いま一つ、考えなければならないことがある。琉球は中国（明、そして清）と進貢貿易をしていた。そこに薩摩藩が絡んでいた。この三者の間では明らかに貨幣が行き来していた。このことをどう見るか、ということである。

この進貢貿易は、琉球王府（王）から中国（皇帝）への「進貢品」を届けるだけでなく、進貢使一行も私物を持ち込んで貿易することが許されていたし、薩摩藩の役人たちも私物を託して貿易をしていた。したがって、そこには琉球（＋薩摩）から中国への「輸出品」、つまり「附搭物貨《ふとう》」と、中国から琉球（＋薩摩）への「輸入品」、つまり「附搭物貨」の販売代金で購入し、持ち帰った物資があることになる（第2話）。

さらに、中国から琉球に冊封使（皇帝の使）がやって来る。かれらもまた私物（唐物《とうぶつ》）を琉球に持ち込む。これは「協定」（「評価《ハンガー》」という）によって琉球側に引き取られる（その分量が多すぎるため、対応に難渋したという）。これも一種の商品の流通で、それに対応して貨幣も動いた。しかし、買い手は王府であって庶民ではない。

中国への進貢貿易をめぐっての商品・貨幣の動きをみる。上原兼善《うえはらけんぜん》『近世琉球貿易史の研究』（二〇一六年）が、資料を提供してくれている。

そこには、一八世紀半ばから一九世紀半ばまでの「輸出品」（附搭物貨）の品目と数量が挙げられている。それらは、海帯菜（昆布）、海参（いりこ）、魚翅《ぎょし》（ふかのひれ）、目魚乾（干しイカ）、醤油、茶油、銅器、棉紙、刀石、囲屏、火酒（泡盛）、白紙扇などである。これらの輸出品の産地が琉球なのかどうかという点では、泡盛以外は「はっきりしない」という。薩摩からのものが多かろう。泡盛は、先に触れたように、王府の所有物であっただろう。また、これらには「中国官衙《かんが》役人への贈答品」も含まれている、という。

昆布は「輸出品の中心」をなしているが、周知のように、薩摩・琉球の産物ではなく、北海道から渡ってきたものである。薩摩藩はこの昆布を中国に売りたがっていたから、その所有物であろう。他の「輸出品」も琉球内で商品として生産され、流通しているものではなさそうである。上原も、「琉球の本手品の貧弱さは否定すべくもない」、「琉球が［は］輸入の拡大に見合うだけの殖産の基盤を持ちえていなかった」と述べている。

他方の「輸入品」は、附搭物貨の販売代金を元手に、中国で購入し、持ち帰った物資である。一八三六と三七年の例が示されているが、食品類（砂糖類・茶など）、薬種類（蘇木《そぼく》・沈香《じんこう》など）、生糸・織物類（毛織物・綿織物など）、日用雑貨類（線香《せんこう》・櫛《くし》など）に分類されている。これらは、一部は資金を提供した薩摩藩側に渡されるであろうが、一部は琉球にもたらされたであろう。これらが、琉球内で商品として流通したかは、分からない。

また、「評価《ハンガー》」によって取引される中国産品は、琉球王府内で消費されるであろう（中には使いようもない代物もあったようである）。これがどのように流通したかも、知ることはできない。

以上みてきたように、対薩摩・対中国との関係では、明らかに商品が動き、貨幣が流通しているのであるが、そのほとんどは、琉球内では商品として、貨幣に媒介された流通はしていないのである。

明治初期の記述

河原田盛美《かわらだもりよし》「琉球紀行」(一八七六年/明治九年。『〔旧版〕沖縄県史』14)は、「日本に属していながら、日本の貨幣が通用していないのはなぜか」と聞かれたことがあるが、「いま通用しているのは、日本の寛永通宝《かんえいつうほう》であって、これ以外に琉球の貨幣があるわけではない。また、外国の貨幣を通用させているのでもない。いまは金銀貨幣・楮幣《ちょへい》[紙幣]は下民までは通用していない」と答えた、と記している。

伊地知貞馨《いじちさだか》『沖縄志』(一八七七年/明治一〇年)は、次のように述べている。「金銀貨」はなく、「楮幣《ちょへい》」(紙幣)もない。「寛永小銅銭」(寛永通宝)があるだけである。「冊使」(冊封使)が来れば、あらかじめ「清国銭」を備えて、かれらの滞在中はこれを用い、「寛永銭」(寛永通宝)は隠して表に出さない。それは、寛永通宝が清国に「流出」して、「国用」が乏しくなるのを恐れるからである。

これらからみて、それ以前の近世という時代には、貨幣の流通がきわめて限られていたことを察することができよう。

これまで見てきたように、貨幣流通に関する記述史料は多くはないのであるが、そのこともまた貨幣流通の少なさを反映しているであろう。当時は、那覇と首里に、場所はほぼ固定していたようだが、臨時に「市《いち》」が立った。それは露店の、蓆《むしろ》の上、傘の下での取引であった。そこでのやりとりも貨幣が使用されていたとは限らない。まして、それ以外の「田舎」ではほとんどまったく貨幣の流通はなかったであろう。やや目立って出てくる夫役銭・夫銭については、それが物品－労働間の換算比率としての貨幣額表示であったと考えれば、実際の貨幣流通の少なさとも整合性がとれて、琉球近世という時代の社会経済のかたちが理解できるというものである。

なにより、日本の江戸時代は「貨幣なしには社会が動かなかった」のと対比して、琉球の社会は、貨幣なしでも動いたのであり、貨幣はなかったわけではないが、「流通していた」といえるほどのものではない。その量はきわめて少なく、その社会への作用はきわめて緩やかだったことに注目すべきであろう。

文替り

なお、「文替り《もんがわ》」について一言つけくわえておきたい。比嘉春潮《ひがしゅんちょう》『沖縄の歴史』（一九五九年）は、次のように述べている。

「一八六一（尚泰一四）年正月二十六日、首里王府は〈御国元（薩摩）で小銭が少なくなったので、銅銭一文に鉄銭二文引合で御蔵の収入支出・領内一般通用することになった。当国でも御国元同様の引合で通用を仰せ付けられたについては、諸座諸蔵は座検者で取締り、首里泊 那覇 久米村は横目・総横目、田舎は小横目で取締ることにする。もし違犯の者があったらそれぞれ処罰する〉という布令を出した。昨日まで同価値で通用していた銅銭と鉄銭が、今日から二と一の割合に通用価値が変動したわけであった。これを文替《もんがわり》と称した。［中略］文替は全住民の生活にかかわる大問題であった」。

つまり、①首里王府が、一八六一年正月に「布令」を出したが、それは薩摩藩の指示によるものであった、②内容は、これまで同等だった銅銭と鉄銭が、銅銭二と鉄銭一の比率になった、③これを「文替《もんがわり》」といった、④これはすべての人びとに関わる「大問題」であった、ということである。

この文替りは、一八六三年四月、六四年二月、同年六月、六五年二月、同年六月、六八年七月、同年九月と、「この七年九カ月の間に八回」も行われた。このため、「銅銭の法定価格が三十二倍になった」。そして「文替り毎に物価は上り、変動の激しさに経済界は混乱した」という。

そうだろうか。比嘉も「諸座 諸蔵 諸地頭に納める貢米 貢糖 知行［?］は現物貢租だから問題ない」といっている。問題は「買上糖 焼過糖《たきかとう》代や 雑物《ぞうもの》代 夫役銭」の方で、それらは「銭勘定になるから大きな影響を受けた」という。しかし、すでに見たように、買上糖や焼過糖の代金は、地域の人びとに現金を渡すのではなく、王府が物品に替えて渡すのであり、銅銭か鉄銭かとは関係がない。また、雑物代や夫役銭というのは、計算貨幣であって、実際に貨幣が行き来するわけではない。

鉄銭はほぼ無価値になったのであろうから、それは使わなくなるだけである。比嘉も「鋳《い》つぶして鍋鎌をつくるようになった」としている。そのことで「経済界が混乱した」とは考えられない。

西里喜行《にしざときこう》「琉球処分前後の通貨問題─文替り考─」（『琉球の歴史と文化』本邦書籍、一九八五年）もこの問題を論じている。西里は、文替りそのものが物価高をもたらしたとはせず、他の事情でそうなったと理解している。この理解に私は同意する。

しかし、同じ西里が「近世末期の内政問題と対外関係」（『〈新版〉沖縄県史』各論編・第四巻・近世、二〇〇五年のうち）では、「文替りの影響はまず物価の変動として現れた」と述べているのはどういうわけだろうか。

第8話

モノはどのように生産されていたか

琉球で生産されていたモノの代表は砂糖である。他に、鬱金や藍があり、先島には反布（織物）がある。それらは、どのように生産されていたか。それらの生産物が「商品」にならなかったのは、それらはすべて「租税」としての生産だったからである。

貨幣の流通がほとんどなかったことは、第7話で見た。貨幣の流通は、商品の流通と対《つい》になっているものであり、商品の流通がほとんどなかったから、そうなっていたのである。

琉球近世では、モノの生産は自給的なモノの場合はそれぞれが生産しているが、租税品としての砂糖・反布などは、役人の指揮／監督の下に、集団的に生産されていた。

租税としての砂糖製造

砂糖（黒糖）は、個別の百姓がそれぞれ製造しているのではない。間切《まぎり》が租税品として、集団で製造しているのである（来間「一七〜一九世紀琉球の砂糖生産とその流通」、沖縄国際大学経済学部編『経済論集』二〇二〇年)。

琉球での砂糖生産は、その「専売制度」が発足したという一六四六年からまもなくして始まったと考えられる。それまで租税制度はなかったので、それは租税制度の発足でもあった。つまり、事前に個別の百姓による砂糖生産があって、そこに王府が割り込んで「専売」としたのではなく、もともとなかったので、それを上から組織し、砂糖を租税品として位置づけることによって、砂糖生産を始めさせたのである。

砂糖は、沖縄本島地域の租税の六割以上を占めているが、これは砂糖という生産物を上納するので、一見生産物を租税として納めている(生産物地代という)ように見えるが、それは間《ま》切《ぎり》・村から王府に上納されるときの状態であって、そこで働いて砂糖を造っている人びとからすれば、指示された労働をすることが租税負担に相当している(労働地代という)のである。

租税(貢租)として砂糖の上納を命じられた間切・村は、そこの地方《じかた》役人が責任をもって、村人たちに製造させる。まず、サトウキビ畑を特定の位置にまとめておく。そのサトウキビ畑に隣接した所に砂糖製造場を設置する。遠距離の地に設置しては、運搬という無駄な労働が生じるからである。砂糖の製造に必要なその製造場は、個別の百姓がそれぞれ持つということはあり得ない。当然に、集団で取り組むことになる。それは、間切単位ではなく、村単位に、村ごとに設置されていた。

なお、琉球ではサトウキビのことを「ウージ」というが、これは「荻《おぎ》」と形状が似ているところからきているという。しかし、中国には「荻蔗」（テキシャと読むか）というものがあった。この「荻」を日本語読みにして、訛《なま》った、これが起源とも考えられる。李文妮《リブンジ》「中国に於ける甘蔗及び砂糖の起源」（精糖工業会編『糖業資報』No. 103、一九八九年三月）は、宋《そう》の仁宗《じんそう》の時代に編纂された『図経本草』に次のようにある、という。「江蘇《こうそ》・浙江《せっこう》・福建《ふっけん》・広州《こうしゅう》・四川《しせん》などで生産される甘蔗は、大きく、高く、葉は二種類ある。一つは荻蔗といい、荻《おぎ》に似て節数が少なく、しかも細く短い。また一つは、竹に似て細長く、汁を搾って砂糖にする。これを竹蔗という」。

安次富松蔵《あしとみまつぞう》『旧琉球藩ニ於ケル糖業政策』（一九三〇年。その後何度か再版されているが、ここでは天野鉄夫《あまのてつお》版、一九七三年による）は次のように述べている。当時の「砂糖ハ殆ド納糖《のうとう》［王府に納める砂糖、貢糖ともいう］ナリシヲ以テ 其ノ監督ハ間切吏 或ハ村吏［つまり地方《じかた》役人］ヲシテ之《これ》ニ当タラシメ 就中《なかんづく》直接其任《そのにん》ニ当リシハ惣耕作当《アタイ》及ビ耕作当等［これも地方役人、その下級］ニシテ 其ノ監督頗《すこぶ》ル厳重ヲ極メタリ」。つまり、①砂糖はほとんどすべて「納糖」「貢糖」として製造された、②それは租税品の生産であるから、役人が監督した、③その監督は厳重であった、という。

砂糖は、個別の百姓がそれぞれの生産物として生産し、それを上納するのではなく、貢糖が課された本島地域の大半と伊江島では、砂糖の製造工程は製造場での地方役人監督の下での集団的労働であり、その生産結果の砂糖は、個別の百姓のものになることはなく、地方役人の責任で上納されるのである。このことは、サトウキビ畑の労働も同様であったろう。サトウキビは個々人がばらばらに作って、製糖過程だけが役人監督のもとにあったとは考えられないからである。

このように、サトウキビと砂糖の生産は租税としての生産であって、生産の主体は間切・村であり、百姓個々人だったのではない。

このような、サトウキビ作農耕と、砂糖の製造労働を行う単位が「砂糖与《くみ》」（「砂糖組」とも書く。サーターグミ）であった。引き続き、安次富による。「元来　藩政時代［王国時代］ニアリテハ　租税ヲ賦課セシハ　村ニ課シ　個人ニ課サザリシヲ以テ　砂糖与ノ如キ　納税上ノ必要ヨリ起リシモノモ亦　村ヲ一範囲トセシコト　偶然ニ非《あ》ラズト云フベシ」。つまり、①王国時代には、租税は村に課していたのであって、個人に課していたのではない（第6話）、②だから、租税としての砂糖の生産も村単位で取り組まれるので、砂糖与は村単位にできていたのである。

このように、砂糖与は村ごとに砂糖製造場が一つ設定された。「凡《すべ》テ全藩下［全琉球］ヲ通ジテ一村ヲ範囲トシテ　製糖与［砂糖与］ヲ組織シ　砂糖与ハ砂糖製造場ヲ設立シタリ」。この製造場を「俗ニ砂糖小屋《サーターヤー》」という。「藩政時代ニアリテハ　砂糖与ハ一ケ村（現今ノ一字《あざ》）ニ付一個宛《ずつ》設置スルヲ普通トセリ」。つまり、①砂糖与は間切単位ではなく、村（のちの字《あざ》）単位に、各村に一か所ずつ設置された、②砂糖与は、それぞれ砂糖製造場（砂糖小屋）を設立した。

「要スルニ　砂糖与ハ　単ニ納糖ヲナスタメニ　砂糖製造場ヲ造ラレタ　ソノ与ナリト云フヲ得《う》べ

シ」。つまり、砂糖与は、租税品としての砂糖を製造するために、砂糖製造場を造ったのであって、両者は相関連し一体なのである。

「砂糖与ノ目的ハ 砂糖ノ共同生産ヲナシ 藩〔王府〕ニ納附〔納付〕スヘキ納糖ヲ製セシメンタメニシテ 与設立ノ動機ハ実ニ茲《ここ》ニ発シ 必要ニ迫ラレテ設立セラレタルモノナリ」。つまり、砂糖与は王府に納める砂糖を共同で生産するために設立されたものである。

このような砂糖与の下で、地方役人が監督しつつ、地域の百姓を交替で呼び出し、サトウキビの耕作に当らせ、また、砂糖小屋で製糖労働に従事させ、できた砂糖は間切・村の所有物として、そこからの上納物として、個別百姓には分配されず、地方役人の手で首里に届けられる。その原料となるサトウキビの栽培も、個別百姓の自主的な、個別的な活動ではなく、間切・村からの上納物を生み出す生産活動として、地方役人の管理下にあり、その責任と指揮のもとで進められていく。

砂糖の流通

当時の砂糖生産は、租税としての砂糖（貢糖《こうとう》）が基本である。これは「本来の租税である米の代わり」として位置づけられている。しかし、それはサトウキビ生産という農耕を基礎にしているので、余分が出てくる場合もある。その時は別の租税、「麦と下大豆（合わせて「雑石《ざっこく》」

といった）の代わり」として王府が収納する。ここまでは租税である。

ところが、さらに余分が出ることがある。それは王府に納める必要はなく、間切の共有財産と位置づけられるが、間切の役人たちにはそれを販売する手だてがない。そこで、王府が「買い上げて」代わりに販売し、その代金でさまざまな物資を購入して、間切に引き渡す。これは「買上糖」といわれた。これは租税ではない。それがなぜか、雑石の代わりに収納した砂糖（租税）を含めてこの表現（買上糖）が使われている。

これらは、貢糖とともに、薩摩にある琉球王府の出先機関「琉球館」で、特定の商人たちに販売される。貢糖の代金は文字どおり租税なので、王府が収納する。また、他方の買上糖のうち租税に当たる分は王府が収納するが、それを超える部分の代金は、王府が薩摩でいろいろな物資を購入して、それを間切に引き渡す。

一方で、買上糖については、商人も求めてくる。琉球には商人はいないので、それはほぼ薩摩商人である。こうして、王府と商人は、同じ砂糖を求めて競合していた。王府としては、商人による安値買いを防ぐためという建前があった（第2話）。

また、時代の進展とともに、間切（役人）自身が販売に乗り出すようになる。これは「焼過《たきか》糖」と呼ばれた。買上糖（うち租税を除いた部分）と焼過糖の販売代金は、間切に帰属する。それは間切の共有財産として貯蓄された。

このような「王府専売の砂糖」は、当初は王府自身がすべて薩摩で販売していたが、ずっと後の一八三一年になって、薩摩へ上納していた米の一部を砂糖に変更させられた。その後二一年間は七五万斤の砂糖（貢米二八〇〇石の代わり）を納めていた。一八五三〜六一年の九年間はそれをやめたものの、六二年に復活し、六五年からは九七万斤となる。九七万斤を薩摩藩に納めても、琉球館に届けられた砂糖は、ほかになお一五〇万斤ほどあった。

王府が鹿児島に置いている出先機関「琉球館」で、特定の商人に売り払った砂糖には、①租税として収納した砂糖（貢糖と買上糖の一部）、②間切に代わって販売する買上糖、③さらに「自物《じもの》砂糖」というものがあった。①の販売代金は王府の収入となり、②は間切に返されるが、金銭ではなく、代わりに必要物資を購入して渡す、③自物砂糖は、地頭たちが自分の「与えられた」（所有権を得ているのではない）地頭地で製造させた砂糖（の一部）のことで、その販売代金は地頭たちのものとなる。

薩摩藩が租税として琉球から収納した砂糖と、商人が買い付けた砂糖は、その多くが大坂に積み上《のぼ》せて販売された。大坂には薩摩藩の蔵屋敷があり、そこで指定の商人を相手に競争入札によって販売された。

このように、砂糖はそれが琉球内にある限りは「租税品」であり、売買されることはないが、それが王府によって収納された後、薩摩に運ばれ、そこで販売されると「商品」となる。

役人管理下の労働は「きびしい」か

しかし、私とは異なる理解もある。いずれも私に先行するものであるが、それを二つに代表させて検討する。

真栄平房昭《まえひらふさあき》「薩摩藩の支配」（歴史教育者協議会編『シリーズ知っておきたい沖縄』一九九八年）は、「琉球支配と砂糖生産」の項で、次のように述べている。

「流通・経済史の視座から、薩摩藩の琉球支配のありかたを理解する重要なキーワードの一つが〈砂糖〉である。そこで、砂糖の流通・経済状況について具体的にみていこう」。まず紹介しているのは、「砂糖はその生産様式からして、必然的に奴隷制をともなった」という「経済史家I・ウォーラーステイン」の言葉である。この視点で琉球の砂糖をも見ようということであろう。しかし、琉球での砂糖生産が「奴隷制」の視点でとらえられるであろうか。

「中国の福建《ふっけん》から琉球へ新しい製糖技術が導入されてから約二五年後、一六五〇年ごろには年間約七〇万斤《きん》の黒砂糖が生産されるようになった。このように急速に糖業が発達した理由は、沖縄の気候風土がサトウキビ栽培に適していたことに加えて、幕藩制市場において高い利潤を生む砂糖の商品価値に目をつけた琉球王府や薩摩藩が、その流通に深くかかわるようになったためである」。つまり、①技術伝来後わずか二五年で「急速に糖業が発達した」とし、②その

「理由」を「琉球王府や薩摩藩」の関わり方の「深さ」に求めているのである。

①の議論は、先行者・仲原善忠《なかはらぜんちゅう》「砂糖の来歴」「砂糖の来歴補遺」（一九六三年）にも見られるので、これによったものと考えられるが、仲原自身はこのことについて、このころは「資料的に空白で、後の資料により推定」したと述べている。「事実」ではなく「推定」なのである。私は、技術伝来からわずか二五年で「急速に発達」するなどという「推定」は、仲原同様、誤った判断だと考える。したがって、この議論は「年間約七〇万斤」という数字（仲原は触れていない）とともに、疑わしいと言わざるを得ない。また、「高い利潤を生む砂糖の商品価値」という表現で、真栄平が砂糖を商品とみていることが示されている。

②の議論は、「琉球王府や薩摩藩」が深く関与したから「急速に糖業が発達した」としているが、このことについて仲原は、薩摩藩はこの段階ではこのことに関与していない、としている。そして琉球王府もまた、租税として収納した砂糖を、薩摩商人に販売するだけで、「流通に深くかかわ」ってはいない。

真栄平はいう。「一六六二年、王府は〈砂糖奉行〉を設置し、少しでも高く売れる良質の砂糖を農民につくらせるため、生産管理を強化した。サトウキビの植え付けから手入れ、焼《タ》き出し、樽《たる》詰めにいたる一切の作業を、砂糖座、総耕作当《アタイ》、砂糖当など諸役人の監視下におき、とくに一二月から二、三月にかけての製糖シーズンには、各村々の砂糖小屋に役人の詰所《つめしょ》を設けて品質検査などを行なった。こうした厳しい管理体制のもとで生産され、農民たちの血と汗の結晶というべき砂糖は、琉球から海を越えて薩摩へ運ばれた。そして、大坂市場をつうじて日本国内に広く流通するようになったのである」。

琉球近世における砂糖は租税品として製造された。当時の租税の負担は、個別の百姓に分割されてはおらず、間切そのものが負担者であった。間切は地頭代《ジトゥデー》を筆頭とする地方《じかた》役人によって管理されており、人びとはそのような役人の指示にしたがってサトウキビを作り、それを原料にして砂糖を造った。この仕組みの中で、役人はサトウキビの生産から砂糖の製造まで、そして砂糖の上納までの「一切の作業」を管理／監視していたのである。役人としては、効率が悪かったり、粗悪品ができたりしては困るので、管理するのである。真栄平はそれに「厳しい」という形容詞を付けているが、その根拠は何だろうか。私にはその理由が分からない。「奴隷制」の視点が曇らせていないか。

サトウキビの生産は、耕起・植付・施肥・灌水《かんすい》（水遣《や》り）・除草・収穫などから構成されるが、重労働となるのは収穫くらいのもので、それとて大量にまとめて収穫する時代ではないので、「厳しく」はならなかったであろう。

また、砂糖の製造は、三つの太くて丸い柱（砂糖車《サーターグルマ》）を横に並べて建てて、互いが嚙み合うように設定されていて、真ん中の柱を牛や馬に繫《つな》いでその力で回す（人が牛馬を追い立てて砂糖車の周りを回らせる）と、左右の車も回る。その車と車の間《あいだ》にサトウキビを差し込んで汁を搾るが、反対側からもまた差し込む。二回搾りである。搾られた汁は、樋《とい》を伝って煮炊き場に送られる。そこでは搾り汁を鍋に入れて、加熱する。しだいに水分が飛び、どろっとなってくると、あるタイミングで酸度（PH）の調整のために石灰の汁を加えると固まり、黒糖となる。人手は、牛や馬を回らせる人（子供の仕事）と、キビを車に差し込む人と、火を焚く人と、鍋の中をかき回す人と、製品を容器に詰める人などが必要である。それぞれ一人か二人、多くても三人ぐらいであろう。その労働には、特に「厳しい」と思われるものはない。むち打ちを受ける「奴隷労働」も必要ない。

人びとは、役人に管理されてはいるが、その言われるとおりのことをこなしておれば、租税納入の義務を果たしたことになるのであり、自分たちの食料獲得その他の労働は「自由」なのであり、特に不満も出てこない。一方の役人たちも、上納の義務を果たす責任者の立場からは気は使うだろうが、それほど難しい仕事ではないし、「やり方によっては私腹を肥やせる」というものでもないので、特に「頑張る」こともなく、「頑張らせる」こともないように思われる。しかも、この役人たちはほとんど地元の人であって、親戚関係のある人も多かろう（第5話）。そこに「官」と「民」を隔てた、「厳しい」関係は生じがたいと思われる。

砂糖・鬱金は「商品」ではない

上原兼善《うえはらけんぜん》「銀・黒糖・ウコンと中国・日本市場」（豊見山和行《とみやまかずゆき》・高良倉吉《たからくらよし》編『琉球・沖縄と海上

の道』街道の日本史56、二〇〇五年）は、次のように述べている。

蔡温《さいおん》は『御教条』の中で、「〈諸士・百姓、ともに国用になる品はなんでも仕出すように心がけること〉と、積極的に商品生産に取り組むように命じている」と。しかし、ここで「国用」といっているのは、「国家の費用」「国費」のことであろう（広辞苑）。つまり、「国用になる品」は「国のためになる品」であって、その用途の方から取り上げているのであり、その機能（例えば「商品」というような機能）の方から話題にしているのではなかろう。そもそも商品とは、単なるモノ／物資ではなく、交換ないし販売用の物資である。これは、「商品生産に取り組むように命じている」文章とは読めない。

また、次のようにも言う。「一七二〇年ころ［同じく蔡温の時代］の『御財政』［→『御財制』］という史料には、収入の費目の中に、砂糖二五二貫目余、鬱金《うこん》一七貫目余がみえ、朝貢貿易で輸入された白糸代一五六貫目余をはるかに越えて［超えて］銀総収入高四三七貫目余の六一％にのぼっている」。ここから上原はこう言う、「砂糖・鬱金は王府の財政を根底から支える有力な商品であったことがわかる」と。

『御財制』の「収入の費目」の中で六一％が砂糖・鬱金であるということは、域内からの租税収入がこの二品目を中心としていたことを予想させる。一方の「朝貢貿易で輸入された白糸代」というのは、それを薩摩藩に販売した額であろう。これを加えると、残りは一二貫（三％）しかない。ここからは、米は租税として収納されていなかったことも予想できる。問題は、上原が、この砂糖と鬱金を「有力な商品」と評価していることである。しかし、これらは租税品であって、商品ではない。つまり、琉球の中で流通し、販売されるようなものではない。それは生産地から王府に租税として上納されるのであって、それを受け取った王府が、薩摩で販売するものである。そこから先が商品となる。「砂糖・鬱金は王府の財政を根底から支える」ものではあったが、「商品」ではなかったのである。

事情説明の部分は省くが、「當間《とうま》親雲上《ペーチン》重陳《じゅうちん》・古《こ》波蔵《はぐら》賀《が》親《しん》らの献策にしたがって、黄色染料の鬱金や砂糖の商品化に着手するにいたった。慶安《けいあん》二（一六四九）年には鬱金奉行が設けられ、ついでそれからまもなく砂糖座および砂糖奉行も設置をみて、二大商品は生産から流通にいたるまで王府の掌理するところとなっていった」と、上原はいう。

當間や古波蔵の「献策」とは、砂糖と鬱金のいわゆる「専売制」の開始につながったとされるもので、それは、上から、砂糖と鬱金の栽培を「掌理」した（取り扱った）ものである。ここから砂糖と鬱金の生産は始まった。そして、それに対応する役所が設けられた。そのことは、それまで砂糖や鬱金が商品として流通していたものを、役所が「掌理」するようになったものではなく、それまではそれらの生産はなく、この「専売制」の開始とともに生産が始まったのである。これらは、登場したその時から「商品」ではなく、租税としての生産物であった。商品であれば、それに対応する役所はいらない。上原は、一方で「鬱金と砂糖の商品化」といい、他方で「（それらの）生産から流通にいたるまで」が「王府の掌理するところとなっていった」

という。商品なのか租税品なのか、その区別ができていない。

上原の論は続く。「ただし、この有力な商品作物の生産が認められたのは、各間切の地頭層に対してであった。それは知行地を有する彼等こそが商品作物の生産をになういうる階層であったからだと思われる」と。

「この有力な商品作物の生産」を担っていたのは「各間切の地頭層」であった、と述べている。この地頭層のことを「知行地を有する」者たち、と捉えている。しかし、地頭は地頭地を「与えられる」が、日本とは異なって、その土地の領有者、つまり領主になるのではない。その土地の「経営」にもタッチしない。「経営」は、その土地の役人たち（地方役人たち）に委ねられているのであって、地頭は〝その土地で百姓たちにサトウキビを作らせてほしい〟ということはできたが、その土地を主体的に「経営」しているのではない。地頭たちは、地方役人が管理し、経営している「地頭地」から、その収穫の一部を収納できるだけなのである。したがって、「彼等こそが商品作物の生産をになういうる階層であった」というのは、当たらない。

上原は、「鬱金や砂糖の生産奨励は…、むしろ地頭層と百姓たちとの矛盾を深めることとなった」というが、その依拠した史料「間切法式帳」（『沖縄県史料』では「法式」）を読み間違えている。地頭たちは、砂糖・鬱金をみずからの地頭地で栽培させたがっている。そして、地頭地の範囲の外にはみ出して、植付を希望する事態も現れた。そこで王府は、地頭地にそれらを栽培する限度量を示し、地頭に対して通達したのである。地頭が地頭地に砂糖や鬱金を栽培させる（「栽培する」ではなく、地方役人に頼んで栽培させる）のであるが、それにも生産限度があったのである。

砂糖や鬱金が、役人の管理を受けて生産され、それは間切・村のものとして、地方役人の責任において貢納される。それは個々人の私物ではない。これが大半を占めている。一方、地頭たちの分（地頭地からの産額のほぼ三分の一）は、地方役人によって地頭たちに届けられる。これは貢納物ではなく、地頭たちの私物である（「自物砂糖」）。いわば王府から地頭たちへの給与（の一部）に相当している。この部分は薩摩において販売される。つまり、薩摩という場所に行けば商品になるが、琉球という土地の内部では商品としてあるのではない。

鬱金と藍の場合

ウコン（鬱金、方言でウッチン）は、砂糖と同じように「専売制」の下にあった。仲松弥秀《なかまつやしゅう》『恩納村誌《おんなそんし》』（恩納村発行、一九八〇年）は、ウコンの産地の一つであった恩納のことを次のように描いている。「おそらく恩納間切に課されていた鬱金は、買上げという名目ではあるが、義務として課されたもので一種の貢税と考えることができる」。「その栽培地は恩納、名護、羽地《はねじ》、大宜味《おおぎみ》、久志《くし》、国頭《くにがみ》の六間切に限られていた」。「恩納間切に課された鬱金は生鬱金にして二万六四七五斤、これを煮て仕上げたものを貢納するのである」。「王府は鬱金についてはことの外重要視し、その植付け、育成、掘取り、製造、那覇までの運送法などについて、少しも油断のならないようにさせている」。

里井洋一《さといよういち》「近世琉球におけるウコン専売制の起源と展開—夫役《ぶやく》がささえるウコン経営—」（浦添市《うらそえし》教育委員会編『琉球王国評定所《ひょうじょうしょ》文書』第18巻、二〇〇一年）の「おわりに」（まとめ）の部分を、［コメント］を加えながら紹介する。

　里井は、砂糖と対比しながら検討している。①砂糖の専売は一六五一年前後に開始された［例えば仲原善忠は、専売制は一六四六年に始まったとしているが、それは制度が検討された年であり、実際にはその数年後であろうから、里井の判断は妥当である］。

　②一六四七年に始まるウコン買上げは〈貢ウコン〉として出発した。その後、一六五一年前後に砂糖の買上げ＝専売が始まる中で、砂糖と同様専売に転化したのではと推論した［「買上げ」と「貢租としてのウコン」とは、区別されねばなるまい。「買上げ」なのか「貢租」なのか。「砂糖の買上げ＝専売」としているが、それは買上げではなく、貢租として納めさせたのである。仲松の論も参照のこと］。

　③一七世紀後半、各間切におけるウコン・砂糖の経営は地頭層によって担われていた。具体的には地頭たちはサトウキビやウコンを地頭地で栽培し、状況によっては地頭地のみならず百姓地でも栽培していた…［これは『諸間切法式帳』＝「法式」の条文からの解釈である。当初は地頭が「経営」していたとしているが、その前に、間切・村で貢租としての砂糖やウコンを製

造することが先行していて、そこに地頭が「自分の土地でも製造してくれ」と要望したのであろう。上原兼善へのコメントを参照のこと」。

④一六九七年（諸間切法式帳）以後は、地頭たちへのサトウキビ・ウコンの生産量制限が行われ…［この制限は、全体の生産状況を大きく変えたものとは考えられない」。

⑤砂糖に関しては一六九七年の「諸間切法式帳」以後、地頭層への砂糖生産制限により、地頭層の独占的砂糖生産は終焉《しゅうえん》をつげ、間切でも砂糖栽培が始まり、その後砂糖の生産高が多くなるにつれて間切の比重が高まった…。一方ウコンにおいて「諸間切法式帳」以後［も］地頭層の独占体制が崩れなかったのは、ウコンの総生産量が砂糖に比して極めて小さかったため…［同じコメントをくりかえすことになるが、地頭地以外での一般的な砂糖生産が先行していたはずだ。例えば「砂糖小屋《サーターヤー》」が初めは地頭地での砂糖生産のために設けられたとは考えられまい。地頭地は、それぞれの間切・村の一割ほどを占めるにすぎないのである」。

⑥一八〇九年「田地奉行規模帳」段階ではウコンに関する栽培と商品化の管理を地頭層ではなく間切に責任を負わせている［この段階で初めてそうなったのではなく、もともと間切に責任をもたせていたであろう」。⑦〜⑨は略。

⑩一九世紀中頃以後、間切・村におけるウコン生産は夫役《ぶやく》という強制労働によってになわれていた…［夫役ではあったが、それを「強制労働」と見るべきではなかろう。夫役は貢租負担のための労働であり、管理・監督を受けるが、だからといって「強制」と表現する必要はな

い」。

ともあれ、里井は次のように結んでいる。「すでに、安良城盛昭《あらきもりあき》［「前近代の沖縄歴史研究をめぐる二、三の問題」、『新沖縄史論』］は沖縄本島においても村内レベルでは貢租のかなりの部分が人頭税的基準によって負担されていたと指摘し、来間泰男［『沖縄経済の幻想と現実』一九九八年］はこの安良城盛昭の議論をうけて〈王府－地方役人〉間では生産物地代であっても、〈地方役人－百姓〉の間では労働地代＝夫役であったと論じている。また来間は直接の夫役の割合も大きいと指摘している。まさしくウコン栽培はその直接の夫役の例にあたる」。

ただし、私が安良城の議論を受けついだのは、「〈王府－地方役人〉間の租税が米・雑石・砂糖・反布とされていても、〈地方役人－百姓〉間ではそれとは異なるという議論」であって、安良城が「人頭税的」としている議論を、ではない。

染料である藍《あい》（と藍玉《あいだま》）については、仲地哲夫《なかちてつお》が「近世後期の琉球における藍の生産と流通をめぐって」（沖縄史料編集室編『史料編集室紀要』第20号、一九九五年）を書いている。その中で、「藍の栽培を奨励し、それが功績の一つとして認められて〈褒賞《ほうしょう》〉された事例」が「一八五一年から七四年までの間に一〇例あるが、いずれも宮古・八重山における事例である」として、それを紹介している。それによれば、貢布を課されていた宮古・八重山では、①黒島《くろしま》の例として「首里大屋子の指導によって麻・棉・藍の生産が増え」たこと、②伊良部《いらぶ》の例として、伊良部仁屋《にや》ほか四人が「村民を振励し」租税の滞納を一掃し、また「村民に着令［?］して麻苧［苧麻］・藍草を加植」させたこと、③大川村《おおかわむら》の例として、世持職《よもち》の平良《たいら》仁屋が藍の苗を「購買し、村民に送給し」たこと、が紹介されている。

仲地自身は意識していないようだが、これらは納税の責任を持たされている地方役人（首里大屋子、仁屋、世持職）が、村民を督励して、貢布の染色用の藍を生産させている様子を示しているといえる。

反布生産の実際

次に、反布（織物）生産の実際を見ていこう。これが「人頭税」とされてきたことへの反証となっていることも、読みとってほしい（第6話）。

そもそも織布作業は、自分の家で個別になされるのは一部で、多くは役人の監督している織り場で作業をしている。「宮古島ニ於テハ　成換反布ヲ除キテハ　正女ノ自家ニ於テ織立ニ従事スルコトヲ許スモ　本島［八重山島］ニ於テハ　必ス貢布小屋ニ至リテ織ラシムルコト、ナレリ」（「沖縄県旧慣租税制度」）。宮古島では「反布ノ織方ハ　白上中下布ハ　村民各々自家ニ於テ之カ織立ヲナスト　雖《いえども》　紺及白ノ細上布　縮布《ちぢみふ》　木綿布ハ然《しか》ラス　各自其《その》負担スヘキ数量ニ当ル原糸（綛《かせ》）ヲ携帯シ　各村ノ番所（村役場）ニ参集シ　諸方　染方　絣《かすり》ノ結《むす》ヒ方ヨリ　織立ニ至ルマテ　番所ニ於テ之ヲナサシム」（仁尾惟茂《におこれしげ》「仁尾主税官復命書写」）。役人の監督の下で作業しているという点で、砂糖の場合と同様である。

次に、織物には、多様な労働が必要である。人びとの労働を糸原料（苧麻《ちょま》）の生産、糸紡ぎ、染色原料の生産や調達、晒《さら》しや染色、織機《しょっき》への糸掛け、機織《はたおり》、その助手、布の仕上工程、洗濯、包装、運搬などに分割しなければならない。したがって、一反の織りは一人では完結しないし、また一人に何反という画一的で、単純な割当はできない。

「八重山島貢布割付法及ヒ 徴収ノ手続」（「沖縄県旧慣租税制度参照 弐」のうち）によれば、次のようになっている。①織る工程だけをみても、一反を数人で、共同で織っている。でき上がった一反は誰が織ったものとはいえない。「一人ニテ一反ヲ織出《おりだ》スニアラズシテ 集合力ナル」。反布は数人の「集合力」で織られるもので、一人何反というように織られるものではない。②蔵元の役人も、間切・村ごとに割り当てるだけで、それぞれの村が百姓にどのように負担させているかについては、知らなかった。「税務係［明治期八重山の蔵元の税務係］ハ蔵元内ニ於ケル取扱ヲ知ル迄ニシテ 各村取扱ニ至リテハ 詳悉《しょうしつ》スル［とても詳しい］者 至リテ少ナシ」。③織っている本人はどうかといえば、割当がどれだけで、自分はその内のどれだけを果たしたのか、知っていなかった。「負担ヲ受ケル正女ニシテ 自己ノ織出《おりだ》スベキ坪数［織物の広がりの単位］カ幾許《いくばく》ナルヤヲ知ラス 又之ヲ知ルノ要ナキカ如シ 如何トナレバ 反布ハ他ノ穀類ノ如ク之ヲ分割スルニ難《かた》ケレハナリ」。④「貢布小屋」で作業をしている場合、一人一人がどれだけ織り上げたかは、役人の管理することであり、それぞれ自分でカウントして責任を負っているわけではない。「之ヲ負担スル正女カ　貢布向《むけ》ニ従事スルハ　概シテ村番所ニ集《あつま》リテ　各《おのおの》同一ニ就業スルカ故ニ　仮令《たとい》負担ノ額ヲ各別ニスルモ　一反ヲ分割シテ　始終共完成シ難キモノ」である。皆が同じように織っているので、それぞれの負担額（分量）が各人に区分されているとしても、実際の織りの場面でそれを分割して割り当てることはできないのである。

また、反布は品質を一定水準以上に保たねばならず、そこにはきびしい指導と監督が不可欠となる。「綛糸《かせいと》ノ調製ニ付テハ　時々之《こ》レカ検査ヲナシテ　疎製《そせい》［粗製］ニ流レサル様ニ注意ヲ与フ　織方ニ付テハ　白上中下布　及　木綿布ノ如キハ　織女《おりめ》ヲシテ　各《おのおの》　其家ニ於テ織ラシメ　時々検査ヲ為シ　疎造《そぞう》［粗製濫造］ニ陥ルコトヲ戒《いまし》ムルノミナリト雖《いえ》トモ　紺細上布　及ヒ白細上布白縮布ハ織女ノ家ニ於テ織ルコトヲ許サス　各村共ニ其ノ村番所ノ構内ニ三、四ノ貢布小屋ヲ設ケ　担当織女　及　手叶《てかのう》［助手］ハ毎日爰《ここ》ニ至リテ［来て］　村吏カ監督ノ下ニ織立ニ従事セリ　蓋《けだ》シ　此等ノ如キ精工［精巧］ナル反布ハ　常ニ厳重ナル監督ヲ為《な》サヽレハ　疎雑［粗雑］ニ陥リ貢布トシテ収納セラレサルヲ以《もっ》テナリ」（「旧慣租税制度」）。

「各村ニ女頭《ぶなじ》　藍遣《あいづかい》　布晒人《ぬのさらしにん》等ヲ置キ　反布織立方ニ係ル一切ノ業務ニ服セシム　又　其織立中ハ　目差《めざし》以下ノ吏員　常ニ機場［織場］ニ臨ミ　織婦ヲ指揮ス」。「地方相当［↓担当］吏員ニ於テハ　綛糸《かせいと》ノ精粗　染付ノ度数　及　其藍色ノ適否　縞柄ノ見本ニ適スルヤ否ヤ　又ハ晒方ノ如何等ヨリ筬《おさ》口織《くちおり》［織り初めの部分］中織ニ至ルマテ、周密ニ検査シ」た（「仁尾主税官復命書写」）。

つまり、ここでも織布労働は役人の管理・監視の下で行われている。できた布は織り手のものではなく、その地域／団体のものであり、その役人によって租税として上納される。「商品」ではない。

耕作は鞭うちで強制されていたか

新里恵二《しんざとけいじ》「百姓一揆のない国」（比嘉春潮《ひがしゅんちょう》・霜多正次《しもたせいじ》・新里恵二『沖縄』岩波書店、一九六三年のうち）は、「『八重山島諸締帳《やえやまじましょしまりちょう》』という文書（一八五七〜七四年につくられたもの）に、百姓の監督について次のような規定がある」として、それを紹介している。

「耕作監督については、各村の出口に木造小屋をたて、毎日百姓どもを、名前と顔を照合したうえで田畑へ追い出し、係の役人たちはみな、百姓の後から田畑に出ていって念入りに指導監督をするよう定めおいたにかかわらず、最近はこれが守られていないようで、よろしくないことだ。今後は毎日の作業を勤務帳に記帳して……」。新里はこれについて、「〈面引合《めんひきあい》をもって作場《さくば》へ追い出し〉、つまり名前と顔をつきあわせた上で田畑へ追い出せというのだから少々おそれいる。これでは耕作労働じたいが、一種の強制労働にほかならない」という。

さらに、「『沖縄県旧慣地方制度』にも、八重山の例として次のような記録がのこされている」として、「各村の出入り口に番屋をたて、毎朝耕作係がつめていて、田畑にでてゆく百姓に木札（木札は百姓を五人ずつ組み合わせ、各自の姓名を書いて役人に渡してあった）を渡し、おくれてきた者は譴責《けんせき》または五回ずつの鞭うちを申しつけ、田畑から家に帰るときこの木札を役人がうけとるという風にして取り締りをしている」という。

そして「農民の不幸は、耕作労働が鞭うちによって強制されることだけではなかった。彼らは、自分の畑に、自分じしんの計算で自由に作物をつくることすらできなかった」と結んでいる。

これらの史料は、次のように読んだら矛盾が解消するのではなかろうか。

「耕作労働が鞭うちによって強制される」のではなかろう。強制力は働いているが、鞭にうたれながらの、一種の「奴隷労働」をイメージすべきではない。史料には、遅刻した者が鞭うたれるとあって、耕作をしている者が鞭に打たれながら働いているのではない。このような「管理労働」を、特別な労働、貢租としての労働、貢納物生産のための労働に限って考える必要があろう。それ以外に「自由な労働、自由な農耕」があったはずである。余剰生産物を貢租として提出させる方式が取れず、貢租に相当する生産労働を、役人監視の下で義務づけたと考えるべきである。したがって、「自分じしんの計算で自由に作物をつくること」がなかったのではなく、そのような「自由な労働、自由な農耕」は別にあったと考えるべきである。

自給生産労働

租税とは関係のない他の農業、自給生産農業を見ておこう。

米／水稲は、まず水田（田んぼ）に水を湛《たた》えて田植えをする。しばらくすると、水を引いて乾燥させると、根は水を求めて伸びていき、根を張る。その後は気温の変化などに対応して、水量を増やしたり、逆に減らしたりする。収穫期になると、田んぼはからからにして、作業をやりやすくし、稲穂が濡れないようにする。このようなことができる水田を「乾田《かんでん》」という。日本近世の水田稲作は、このようなものであった。

しかし、琉球の水田のほとんどが「湿田《しつでん》」であった。年中、水が溜まっているのである。「天水田《てんすいでん》」がほとんどだったといわれるが、それは、天水、つまり雨水に頼っている水田のことで、これも湿田となる。「ユビ（田）」というのもあったが、これは胸まで水につかるような「泥田」のことである。水のコントロールができなければ、米の収量は少なく、食味もよくない。

米／水稲については、二期作があったという、漂流朝鮮人の記録（一五世紀）が残っている。しかし、これは二期作ではなかろう。二期作とは、一つの水田から、季節をずらして二度収穫する稲作をいう。一期作の収穫後に、切り株からまた育ってくる場合がある。「ひこばえ（蘖）」「又生《またば》え」（マタべー）という。これは二期作ではない。そして、明治に入って沖縄県が統計を取り、公表するようになると、ごくわずかしかなく、ほとんど消えている。沖縄で二期作が始まるのは、ほぼ昭和戦前期である。それでも、二期作は先進的な農業ではなく、水田に湛《たた》えた水があるために作るというだけの消極的な農法である場合がほとんどなのであり、また収穫量も少ない。

もう一つ。サツマイモ（甘藷《かんしょ》）は、畑の半分ほどを占めていたであろう（明治初期からの類推）。それは、一斉《いっせい》に植えて一斉に収穫するのではない。今日《きょう》必要な分だけ掘り取ってくる。その後にはすぐ芋の茎を挿《さ》し込む（葉は葛葉《カンダバー》という）。だから景観としては「年中芋畑」となっていた。年に何回植付け／収穫するかは、数えられないのである。

そして、肥料をほとんど入れていない。

蔡温《さいおん》らが出した「農務帳」（一七三四年）に次のようにある。「当琉球国の水田は ほとんど自然の雨水に頼っている天水田なので、あらかじめその対策を立て、掘りやすいところでは溜池を掘り、水不足の難儀をしのぐよう手段をつくしなさい。もちろん、稲を刈り取ったらすぐにあぜを固め、水をためておくようにすること」。「稲刈り後、魚や うなぎを獲ろうとして、あぜをくずしてしまうことがある。こうなると、水の溜まりが悪く、旱ばつの年には耕作ができず、田植えの適期をのがしてしまうので、田の周囲で 魚やうなぎを獲るのを禁止すること」。「農具をそろえておくのは大切なことなので、かりそめにもおろそかにしてはならない」。

「肥料を用いることは 耕作上最も重要なので、肥料を貯えるように心がけること」。

これによれば、一八世紀半ばの農業は、水田はほとんど天水田だった、稲刈りが終わったらすぐに水をためていた、その田に魚やうなぎが棲んでいた（あるいは養っていた）、肥料を用いていなかった、農具を揃えていなかった、ということになる。

近世以降の日本の農業は、家族単位の農業で、多肥多労に特色があった。「多肥」すなわち肥料を多く投入し、「多労」すなわち朝早くから日が暮れるまで、せっせと働くのである。琉球近世の農業は、またそれ以降の農業も、これとは大きく異なっていたのである。

家畜、とくに豚と山羊を飼育して、食用に供していたのは、日本近世とは異なる琉球近世の農業の特色である。仏教に基づく「四つ足」禁食の定めがなかったからである。また、家畜としては鶏もあった。これらは、基本的に屋敷内で飼われていた（牛・馬もあったが、これらは屋敷の外で、放牧されていたであろう）。

屋敷内ではまた、野菜類を栽培していた。屋敷内の畑を「アタイグァー」という。「アタイ」は「屋敷内にあり、野菜などを作る畑。菜園」である（『沖縄語辞典』）。屋敷の中、この「中」は「あたり」とも読み（白川静《しらかわしずか》『古語辞典・字訓』）、それがなまって「アタイ」となり、接尾語「小《グァー》」をつけて「アタイグァー」となっている。

このようにして、自給農業もあったのであり、すべてが役人監視／監督のもとでの農業ではなかったのである。

第9話
外国人は琉球の社会をどう見たか

江戸時代の末期、一九世紀には、琉球にも外国人が次つぎにやって来た。滞在した人もいるし、記録を残した人もいる。ここでは彼らが見た琉球近世の姿を紹介する。彼らは、琉球という国／社会がどのような所であるか、調査し記録しているのである。もちろん、彼らの観察がすべて正確だとはいえないだろう。しかし、この時代の社会と人びとの様子を描いたものは、同時代の琉球の内側にはほぼないのであるから、いろいろなヒントを与えてくれる。

これまでみてきた「琉球近世の社会のかたち」と、どのように響き合うかを読みとってほしい。

ベイジル・ホールの航海記

ベイジル・ホール（イギリス軍人）は、琉球の観察記録を残している（春名《はるな》徹《あきら》訳『朝鮮・琉球航海記―一八一六年アマースト使節団とともに―』岩波書店・文庫、一九八六年。原著は一八一六年による）。

琉球の物産には何の価値もない

訳者の春名は、「解説」で次のように記している。「ホール自身は、この航海記のむすびで〈琉球は貿易船の航路とは外れた位置にあり、その物産には何の価値もない〉」。春名は次の部分を省略している。「〈住民は外国製品に関心を示さないし、かりに彼らが欲しいと望んだとしても、支払いに必要な貨幣がないのである〉」。

そして続ける。「〈したがって、近い将来にこの島をふたたび訪れる者があろうとは思えないのであるが〉と、悲観的な結論を下しているが、現実はホールの予想を裏切って、これ以後、ヨーロッパ船の琉球への来航はにわかに増加した。それはヨーロッパの産業資本の成長にともなって、東アジア諸国が改めて市場として注目される時代の到来を物語るものでもあったのである」。

しかし、ホールが琉球の「物産には何の価値もない」と指摘したのは妥当であったろう。春名が、「ホールの予想を裏切って」ヨーロッパ船が来るようになったというのも、そのかぎり間違ってはいないが、それは琉球の「物産」が目当てだったわけではないのであるから、そのことを「ホールの予想が裏切られた」とするのは当たるまい。

琉球人は貨幣や武器を知らない

春名はまた、ホールは、琉球人は「貨幣や武器の存在を知らない」としているが、半世紀後に訪れるペリーのころには「武器や貨幣が存在しない、というホールの主張が誤解であったことが判明してい」たとしていることも、検討の余地がある。武器については、戦闘態勢がなかったのであるから「存在しない」としていい（進貢船は海賊対策のために、武器を備えることがあったが）。貨幣については、時代の変遷を考慮に入れて、のちになって「存在した」のかもしれないと考えるべきであろう。武器も貨幣も、事実は「あった」のであるが、武器も貨幣も、それなしには社会が成り立たないというような、不可欠のものではなかったのであり、ホールの観察は外れてはいない。

その他、本文から、当時の社会の様子を示す記述を抜き出してみよう。〔 〕は訳者の注記、［ ］は私（来間）の注記である。ルビはカタカナは春名、ひらがなは私。

人びとは、ホールらの艦船に「カヌー」（サバニ）で寄ってきて、「すぐ一人が水の入った壺を、もう一人は、ふかしたサツマイモの入った籠を差し出したが、代価を要求したり、ほのめかしたりするようなことはない」。別のカヌーは、

地球儀・書物・鏡に関心

「ロープを投げたところ、その端に一尾《いちび》［一匹］の魚をむすびつけてくれ、そのまま漕《こ》いで行ってしまった」。艦船上に上がってきた人びとは、「目にふれる品々を注意ぶかく観察した。とりわけ関心を示したのは、地球儀と書物、鏡であった」。ホールらの艦船は「牡牛《おうし》一頭、豚二頭、山羊二頭、一ダース半〔一八羽〕の鶏、蝋燭《ろうそく》少々、薪と水」を「贈られた」。遠くに「頭にバスケット［篭《かご》］をのせた一群の婦人たちがたたずんでいた」。「中国と同じような馬蹄形《ばていけい》の墓〔亀甲墓《かめこうばか》〕がいくつもみられた」。「大部分の墓は、小さな四角い家の形をしており、瓦や藁《わら》で葺《ふ》いた低い角錘《かくすい》形の屋根がついていた」。「婦人たちが木の臼《うす》で米をついているところも見たし、石橋が架けられている川〔牧志川《まきし》〕の両岸に、婦人たちが大勢集まって洗濯しているとこ

ろも見た」。

酒・豚肉料理・茶を振る舞われる

艦上で「饗宴」が開かれ、「酒《サキ》」「外側を紅で染めた堅ゆでの卵の薄切り」「バターで揚げた魚」「燻製《くんせい》の豚肉の切り身」「豚のレバーの薄切り」「茶」「煙草」などが振る舞われた。「丘陵の斜面には、平らに切りひらかれた段々畑がみられる。形は不規則であるが、ていねいに耕作され、…井戸から引いた水で灌漑《かんがい》を施している」。「稲田は水を溜めるための小さな土手［畦《あぜ》］で区切られており、その上に細い畦《あぜ》道《みち》がついている」。案内された「畑にはみごとな砂糖キビが植えてあった」、また「その家の壁は全部、キビを編んで作ってあったので、まるで大きな篭のようであった」、「どの家も、壁や戸口の前の目隠しの仕切りは、キビの茎を編んだこざっぱりしたものであった」。ここに出てくる「キビ」は英語のcaneの訳と思われるが、それは「棒状のもの」のことである。訳語としては「籐《とう》」がふさわしい。

フォルカードの琉球日記

フォルカード（フランス人宣教師）は、次のように述べている。中島昭子《なかじまあきこ》・小川早百合《おがわさゆり》訳『幕末日仏交流記—フォルカード神父の琉球日記』（中央公論社・文庫、一九九三年。原著は一八四六年）による。「　」はこの訳書からの引用文。訳者は訳文の中で［　］を多用しているので、それはそのまま取り入れる。他の個所の記述とは異なって、これは私（来間）の注ではない。

琉球の文字や本を求める

「私が最初の頃から全力を傾けていたことがもうひとつあります。それはこの国の言葉を、あるいはそう言った方がよければ［すなわち］日本語を習得することです。ほとんど同じような言葉がこの二つの［国の］国民によって使われていると言っても過言ではありません。この言葉はここで話されている唯一の言葉であり、中国語はかつて福建から移民して来た通訳が話す言葉にすぎず、彼らですら日常のやりとりには用いていないのです」。

「フォルカード師は、琉球王国と日本の関係、つまり政策上官憲ができるだけ隠そうとしてはいるものの、言葉や服装等が同じであるということを詳しく報告した」。

フォルカード師が「この国の文字で、もっと正確に私の名を書いてもらいたい」というと、「要求した書類が反故《ほご》のような紙に載せて」渡された。フォルカード師らは「これは漢字ではありませんか」、「この国の文字では書けないのですか」「なぜ書けないのですか」と問うが、「返事はない。我々が要求を続けたので、…「〈セーシュ〉という言葉が違う文字で書かれた」ものが渡された。「調べてみると、これはまさに日本語の音節文字であるカタカナだった」。

「私はすぐに日本人と話を始めた。彼らの言葉は琉球のものとはかなり違うようだが、私には彼らの言うことが分かるし、彼らもこちらを理解できる」。しかし、彼らが「この国の文字」を提供してほしいというと、「この国の文字では書けない」という言葉が返ってきた。

現代の私たちでも、琉球方言を文字として表記することは、なかなかできない。そのことがあちらには理解できなかったようである。琉球側は、「この国の言葉で書かれた本はございません」、「この国には、本はございません」と述べている。そのとおりだったろう（来間）。

琉球側は、艦長に次のように説明している。「当国をつぶさに観察してみましても、貧しくてろくな品もありませんが、首里や那覇に隣接しているこの港

商人は少ない

［泊《とまり》］には、まだ数人の商人がおりますし、そして近隣の田畑から取れる作物は、遠方の田畑に比べて、かなり豊富です」。艦長が北部行きを希望しているが、琉球側はそれを断念させるために、次のように説明している。「北部は森ばかりで肥沃《ひよく》な土地がないため、この近辺に比べますと生産高は二、三割に満たないということなのです」。

料理はまずいが茶と酒はいい

「首里の総理官の本拠となっている家」に招かれたときのこと。「名刺の交換や、儀礼的なあいさつなどが一通り終わると、食事が始まった。食事は盛りだくさんでもなく、それほどおいしくもなかった。豚肉、もしくは魚の切り身と、味の悪い菓子が、かなり粗末な皿にまとめて盛られ、皆はその犠牲になった。そのかわりお茶はおいしく、酒（米のワイン）も悪くはなかった。この地では人はいつも貧しさを装いたがるのだ。とはいえ、このような場所と状況でもよいものを期待するのは無理であろう」。

「つまらないガラス細工でも、この王国では宝石と同じに評価されているといっても過言ではない。それは［ガラスと宝石が］同じ名前で呼ばれていることからも分かる。最下層ではな

い人たちでも、私のところで安物のプリズムやグラス、それに髭剃《ひげそ》り用の鏡に見入っているのに、一度ならずお目にかかったことがある」。

ペリーの遠征記

マシュー・カルブレイス・ペリー（アメリカ軍人）は、宮崎寿子《みやざきひさこ》監訳『ペリー提督日本遠征記』上・下（角川書店・文庫、二〇一四年。初出は二〇〇九年。訳書は複数存在するが、ここでは宮崎訳をとる。原著は一八五六年）を残している。その中から生活面にかかわる記述を中心に選び出してみる。〔 〕は訳者の注、［ ］は来間。

ホールの記述へのコメント

まず、ベイジル・ホールの記述にコメントした部分を掲げる。「ホール氏の述べているところによれば、島民は武器を持たず、貨幣のことさえ知らず、素朴で従順で正直、支配者と法には実直に従い、互いを大切にして、利己心から他人を傷つけたり、悪事を働いたりはけっしてしないという。艦隊の多くの士官もそうした美質を期待しながらこの島に赴《おもむ》いたのだが、残念ながら徐々に夢がこわれ、結局、琉球の人々も、ほかの土地の人々と気質的に変わりはないということを認めざるをえなかった」。「ベッテルハイム博士［当時那覇に滞在していたイギリス人宣教師］は、琉球人の所有する銃器を見たことがあり、彼らはそれが島外の人間の目にふれないようにしているだけだという。…貨幣についていえば、琉球の人々は金銀の価値を非常によく知っており、中国の〈銅銭《キャッシュ》〉で取引している。銅銭は、一二〇〇ないし一四〇〇個でスペインの一ドルと等価である」。「この探険の間、武器はいっさい見かけなかった」。なお、「市場・貨幣」の項を参照。

住居・道路・村落　「屋根は立派な赤瓦《あかがわら》で葺《ふ》いてあり、この屋根と、街に点在する樹々の暗緑色の群葉、上にサボテンの植えてある壁、そしてときおり目にするシュロ［棕櫚］やバナナの樹［芭蕉布の原料、糸芭蕉《いとばしょう》カ］」。「家々はバナナの樹で囲まれ、小道の上には竹のアーチがかかっていた」。「目の前には、バナナの樹と竹にすっかりおおわれた大きな村があった」。「行列の通った道路は大変みごとに敷設《ふせつ》されていた。きちんと組み合わせた珊瑚岩《さんごいわ》で念入りに舗装され［→敷き詰められ。つまり石畳道］、表面は人手によってか、たえず人の足で踏まれるためか、磨かれて平坦になっていた」。「われわれはこれまで目にした中で最も美しい小村落の中に入り込んでいた。その村は、梢《こずえ》をからませて風に揺れる丈の高い竹藪《たけやぶ》にすっぽりと包まれ、その竹藪は赤い砂土の平らな街路で芸術的に四角に区画されており、道は竹の枝のアーチでおおわれ、両側の竹は生け垣になり、そこには規則的な間隔をおいて、住居を囲む庭に入る入り口が開いていて、庭園［中小《アタイグァー》、屋敷内の畑］にはさまざまな野菜がみごとに栽培されていた」。

服装　「身分の低い者たちは、茶色い木綿か芭蕉布《ばしょうふ》の着物を一枚着ているきりで、子どもたちは素裸だった」。「従者を伴った琉球の高官連の一群に出会った。全員がいちばん立派な芭蕉布の長衣を着用し、赤や黄色のハチ・マチ〔鉢巻き〕、すなわち独特な琉球帽をかぶっていた」。「行列の両側に並んで立っていた農民たちは、最下層の琉球人だったためか、垢《あか》じみて、ひどくみすぼらしい身なりをしていた。多くが裸で、身につけているものといえば腰のまわりの小さな布切れだけだった〔六月のこと〕」。

市場・貨幣

「町の市場はこの区域〔那覇港の近く〕にある。そこも街路と同じように閑散としていて、ただ二、三の大きなテント〔貧しい家屋〕に人が住んでいるきりである」。「それまで目にした町はどの家も戸を閉ざし、店も閉まっていて、小間物を売る露店商人などは、〔自分たちをみると〕並べた品物をそのままにして大急ぎで立ち去っていった」。「われわれから身を隠す暇《いとま》がなかった露天商は、積みあげた粗末なチーズケーキ〔石鹸カ〕の傍らに座っていた」。「商店の数はわずかで、売っている品物は主に紙、米、茶、砂糖菓子、衣服などだ。琉球人が常に主張するところによると、彼らは流通貨幣を持たず、取引はいつも物々交換で行われているという。この意見はだいたい当たっているようだ。琉球人はほとんど金属通貨を持っていないようだし、提督がなんとかして琉球当局者から同国の貨幣をアメリカの貨幣と交換して入手しようとしたが無駄だったからである。彼らは真顔で自分たちの国に貨幣はないと断言した。たぶん政策上の動機から、琉球当局には自国の貧しさを誇張する習癖《しゅうへき》が大いにあるにせよ、通貨がないという言葉はたぶん本当だろう。しかし、彼らは中国の貨幣の価値を非常によく知っており、勘定を決済するとき、中国貨幣をわが主計官から受け取った」。

つまり、中国人を相手する時は、中国の貨幣は隠さないが、日本のそれは隠すことになっていたといわれるように、アメリカ人に対しても同様の態度をとったのであろう。貨幣はないわけではないが、広く流通してはいないと考えられる（第7話）。

飲食物

「一般の訪問客を受け入れるところで」は「給仕は茶や煙草も出してくれる」。「茶と煙草（きまって最初に出されるもの）」。「砂糖を入れない琉球茶でリフレッシュした」。「村人たちは、サツマイモと小皿に盛った塩漬けの魚［?:スクガラス］とカボチャを持ってきた」。「村人たちが二匹の小さな鮮魚にカボチャ一個とキュウリを何本か添えて持ってきてくれた」。「朝食にはオキザヨリに似た二匹の長いウナギのような魚、小ナス数個、カボチャ二個、それにひと籠《かご》のサツマイモが提供された」。「人々が二羽の鶏とたくさんの卵とキュウリを持ってきてくれた」。琉球の「摂政《セッセイ》」の家に招待された時、「テーブルには御馳走が満載されていた。…テーブルの隅々に箸《はし》がおいてあり、真ん中にはサキ〔酒〕（琉球人のつくる発酵飲料物）を満たした土製のポットがおかれ、そのまわりに四つの樫《かし》の樹で作ったカップと、四つの大きく粗末な中国製のカップ、同じ材料で作った不格好《ぶかっこう》なスプーンと四つの茶碗《ちゃわん》があった。御馳走《ごちそう》どのテーブルにも、ひとつひとつ大きさや形の違う二〇個くらいの皿がおいてあった。御馳走がどんな材料でできているのか、いまでもアメリカ人の誰も分からないものがあった。多分、豚だったろう。けれども、紅色に色づけして薄く刻んだ茹《ゆで》卵、巻いて油で揚げた魚、冷たい焼き魚の切り身、豚の肝のスライス、砂糖菓子、キュウリ、からし、塩づけしたハツカダイコンの葉、こまぎれの赤身の豚肉を揚げたものなどは、西洋人にもよく分かる料理だった」。

男はなまけ者、女は働き蜂

「この報告者が入ってみた家ではどこでも、男はなまけ者の雄蜂《おすばち》で、女が働き蜂だった。どこでも一様に三人から六人の男があぐらをかいて車座になっているのが見られ、その真ん中には炭火を入れた壺《つぼ》と、痰壺《たんつぼ》がおいてあった。こうして夢見心地でのんびりと座りながら、帯から小さな煙管《きせる》を取り出し、煙管を鞘《さや》から抜き出すと、ひとつかみの煙草を箱から取り出して、小娘の指ぬきの半分もない小さな金属の雁首《がんくび》に詰め、火をつけて、二、三服深く吸ってから、煙をすこしの間くわえ込み、しかるのち、勢いよく鼻の穴から煙を吹き出す。…煙管を鞘におさめると今度は半パイント〈一米パイントは約〇・四七リットル〉以上は入らない小さな茶瓶《ちゃびん》と、いずれも三さじほどしか入らない茶碗半ダースを召使が運んできて、次は煙草の代わりに、みんなでお茶をすることになる。茶がかたづくと、またもや煙管の番になり、こうして煙草と茶をかわるがわる楽しむのである。座を立つ前に、酒が運ばれ回し飲み、ときには思慮分別の限度を超えることもある。これが〈男たち〉の仕事であり、その間に哀れな女たちは焼けつく日差しの中、裸同然の姿で最寄りの農地を鍬《くわ》や鋤《すき》で掘り返しているのが見られるだろう。茶と煙草をのみながらの無駄話は、戸外の涼しい木陰で行われることもある。／哀れな女たちには土地を耕していないときでも、ほかにもやらねばならぬ仕事がたくさんある。働くことが女たちの宿命なのだ。どの家にも芭蕉布を織る織機《しょっき》があり、その使い方は大変珍しい。織機は小さく、高さは二フィート〈約六〇センチメートル〕ほどで、普通部屋の隅におかれている。杼《ひ》の長さは二、三フィートもあるので、織手が片方の手を放す前にもう一方の手でつかむことができる。確かに粗末な道具だが、この道具で織られた光沢のあるみごとな織物はきわめて美しい。以上述べたことは、最下層の階級の男には当てはまらないことを知っておかねばならない」。

こう述べて、労働階級の「野蛮な生活状態」「悲惨な境遇」を指摘しているが、「みじめな奴隷たち」とか「農業労働者の賃金」とか、ありえない話が出ているので、無視する（来間）。

農業・農民

「たいていの家は高い珊瑚の塀《へい》〔石垣〕に囲まれた狭い耕地の真ん中にあり、タバコ、トウモロコシ、サツマイモなどがびっしりと植えられた畑も見られる」。「田圃《たんぼ》には芒《のぎ》のある稲が穂をつけている。…やがて広々としたところに出ると、稲穂が波打ち、野菜〔?サツマイモ〕も一面に植えつけてあった。平野にはいたるところに稲が植えられ、あちこちにある丘陵も、ほとんど頂上まで段畑になっている。水は人工の運河〔水路カ〕によって、入念に畑から畑へと引かれている」。「われわれの通った道は稲田の中を通っていて、非常に泥深かった」（水深の深い湿田、ユビ田《だ》カ）。その村では「鶏四羽、卵四〇個、薪二束を手に入れることができた」。「豊かに実った稲田に下っていくと、初めてサトウキビが発見され、モロコシあるいはアワ…が植えられていた」。「荒涼とした丘を…登ると、開墾された高地に出た。そこには三、四頭の牛が草を食《は》んでいた」。「馬はときおり見かけたが、数は少ないようだった」。「あたりの土地はよく耕されていたが、作物はおおむね豆やサツマイモに限られていた」。

「一帯に植えられた稲は非常に貧弱で、まだ穂が出ていなかった」。「農民のみならず、概して平民は物に対する欲望をほとんど知らないようだ。彼らは粗末な小屋に寝起きしているものの、サツマイモをふんだんに蓄えており、この豊かさゆえに、ごくわずかな欲望をも抑制できるかのように思える」。「琉球の動植物の産物は豊富である。サトウキビが茂り、粗製ながら砂糖の製造法も知っている。この砂糖と、米から蒸留した強い酒が輸出されている。煙草も大量に作っており、喫煙は一般的な習慣である。島には綿も育ち、藍《あい》も栽培している。また蒸発による製塩も行っている［揚げ浜式製塩カ］。もし琉球が別の支配者に委ねられれば、その農産物で多くの人口を養えるだけでなく、余剰を輸出にまわせるだろう。鶏、アヒル、ガチョウ、豚、山羊、小型の黒牛はいずれも非常に豊富である。小柄だが活動的で丈夫な品種の馬もいるし、森林には猪《いのしし》がいる。遠征隊の士官が受けた一般的な印象は、琉球は美しい島で、物資も豊富だが、良い政府を形成する必要があり、身体のためには、願わくば快適な住居を、ということだった」。

教　育　「教育については、資料を集める機会はどうしても限られていた。提督がこの問題に関して入手した最良の記録は、数年前から琉球に居住しているベッテルハイム博士から提供されたものだった。博士は次のように述べている。／〈私は首里で、おそらく『大学』と訳せる文字を扉に銘記した建物を目にした。那覇には儒教の知識に習熟した人びとの学校がある。しかし、一般の学問は――たんに中国の文学および一定の古典書の知識に限れば——年長者が年少の者を教えることによって普及している。一種のランカスター方式〔上級生が下級生を教える初等学校制。一九世紀初めに提唱された〕が各々の家で、ひいては国中で実施されているのである。しかも、そのほかにも学校があり、那覇でも泊村でも公館と同じように政府の建物が学校として利用されている。けれども、公館には特定の教師はおらず、普通各地の孔子廟《こうしびょう》に付属した離れ屋で、ひとりの先生の監督のもとに子供たちが集まっているのをしばしば見かけた。この先生は報酬として無料の住宅とそれに付属する土地の恩典を受けているらしい。…サムン〔沙門《しゃもん》〔僧侶〕〕も田舎の学校での教育を交替で委託される。これらのあらゆる方法で、中国文字の知識が国民の間にかなり広く普及しているが、女性はまったく学問から除外されている〉／…／琉球で見かけた書物はほとんど普通の中国文字で書かれていたが、日本の文字も理解されていた。なぜなら、琉球人の手になる文書に片仮名が見られたからである。このような学習制度では、大衆が学識を得るには口伝えによるしかないことは容易に想像できるだろう。琉球人は自らの文学を持っていないし、われわれの知る限り、自国の作家は現れていない」。

ペリー艦隊のもう一つの遠征記

ペリーの遠征記の訳書には、『ペリー艦隊日本遠征記』（栄光教育文化研究所、一九九七年）もある。これには隊員数人の、問題別レポートが入っている。このうち、「琉球の農業」（J・モロウ）と、「大琉球島の風土と疾病《しっぺい》および農業」（D・S・グリーン）は、私たち（伊波和正《いはかずまさ》＝英語／仲地哲夫《なかちてつお》＝歴史／来間泰男《くりまやすお》＝農業経済学。いずれも当時は沖縄国際大学）も翻訳に参加した。その中から、最もくわしい、サツマイモとサトウキビ（製糖を含む）についての記述を中心に紹介する。

サツマイモ

J・モロウは、サツマイモについて、次のように述べている。「広くて平らなサツマイモ畑がいたるところに見られ」た。「しかし、これらの畑ではサツマイモだけが栽培されているわけではなく、多くの場合、ソラマメが…一緒に播《ま》かれている。…ソラマメだけではなく、エンドウが一緒に栽培されているサツマイモ畑もあった」。「サツマイモの葛《かずら》がなかったり、まばらだったりするところには、カブ［蕪《かぶ》］、パースニップ［セリ科の栽培植物］、ダイコンが不規則に栽培されていた」。一つの畑には、サツマイモを中心に、多くの作物が混作《こんさく》されていたのである。「当地で栽培されているサツマイモには、白と赤［紫カ］の二種類がある。…この時期［一月二二日～二月七日］にいたるところで栽培されていることからすると、サツマイモは大多数の人にとって、冬から春にかけての主要な食糧になっているようである」。実は、季節に関係なく、年中植えられているのである。

収穫の様子は、次のように書かれている。「これらの作物を収穫するには、しゃがんだ姿勢で、片手の手のひらで大きなたがね［あさりがね。方言でアサンガニ］の柄を握り、体を前に動かして、これを地面に突き刺し、作物を取り出す」。鍬《くわ》が使われず、アサンガニ、つまりヘラ（漢字では金偏に平と書く）が使われている。

「田倒し《タードーシー》」といわれる、耕作法も見ている。「耕作［収穫］が行われた田に、冬の作物としてサツマイモを植える」のである。その田の中に「二から三フィート［約六〇～九〇センチ］の高さに盛土《もりど》して栽培する。こうすると、サツマイモの蔓《かずら》がよく茂り、もちろん収穫量もあがる」。

サツマイモについては、D・S・グリーンもくわしく記している。「サツマイモ（Battatus edulis）は、赤と白の二種類があり、年間をつうじて、また島のどこでも広く栽培されている。…また、当地におけるサツマイモの重要度からしても、またサツマイモの生育初期には、…水肥や堆肥《たいひ》をたえず与えているにもかかわらず、サツマイモの収穫量はそれほど多くはない。これはおそらく植え方、正確にいうならば、蔓《かずら》の植え方に問題があると思われる。芋そのものを植えることはないからである。畑の準備ができたならば、サツマイモの蔓の接ぎ穂と小さな鍬［先の、ヘラであろう］を逆方向に――鍬の部分を外側ではなく自分の方に向けて――持った農夫が、二列にすばやく植えていく。九から一〇インチ［約二三～二五センチ］おきに、柔らかい土に鍬を入れ、鍬の柄穴《えあな》を軸にして、鍬を後ろに引いて、刃ですくうように土を持ち上げ、左手でそこに接ぎ穂［葛葉《カンダバー》］を差し込み、鍬を引き抜いてふたたび土をかぶせ、最後に周囲を足で踏む。この方法で、サツマイモ畑はすばやく作られる。畑は、中国式の方法で――竹竿の両端に桶をつるし、肩に担いで——運ばれる水肥により、いつも生き生きと保たれる。水肥は、ひしゃく［柄杓］でひとつひとつにかけていく。しかし、収穫時には一つの葛には一つか二つの芋しかついておらず、しかもそれらは小さい。植えつけの間隔が接近しており、成長が速いため、年に二、三回は収穫できる」。

これは、明治初期や昭和前期の観察記録にも出てくることと同じで、サツマイモは、芋を収穫するとすぐ、その葛《かずら》（茎葉）を挿《さ》し込むという形で植えられていたのである。したがって、収穫の回数は数えられない（第8話）。

「サツマイモは人々にとっては重要な食物である。二回ほど食事の光景を見たことがあるが、いずれの場合も食物の大部分をサツマイモが占めていた。どちらも質素な食事であった」。

「琉球の農業」（J・モロウ）は、サツマイモのほか、「小型の緑豆」「琉球ダイコン［島ダイコン］」「カブ」「塩漬けの小魚［スクガラス。スクという小魚の塩漬け］」「トウガラシ」「フダンソウ」「キャベツ」「タロイモ［水芋、田芋］（那覇や首里の付近では、タロイモを、非常に低地の水分の多い水田に作っているが、このようなタロイモはほかのところでは見られない）」。「小麦」「大麦」「キビ」「タバコ」「綿」についても記している。

稲　作　そのうえで、米について、次のように述べている。「しかし琉球で最も重要な作物は米である。…田から排水できない場合は、農民たちは、たとえ水の深さが一フィート［約一八センチ］あっても、その中で耕すのである。…馬鍬《まぐわ》をつけた牛とともに、牛も人も膝上《ひざうえ》まで泥に浸かりながら、田を耕す。…田植え後の田には、常に水が張られるので、それ以外はあまり世話は必要ないようである。…稲の精米は原始的な方法で行われる。…琉球の米は、色が赤っぽく、線も入っているため、上質とはいえない…。稲作に適した土地には、どこでも十分な水が得られる」。

これは、水田が「乾田《かんでん》」（熟期には水を抜くことができる田）ではなく、「湿田《しつでん》」（水抜きができず、常に水を湛《たた》えている田）であることをとらえたものであろう（第8話）。「牛とともに田を耕す」というのは、牛に丸太などを引かせて田を均《なら》すことで、「踏耕《とうこう》」という。米の質が良くないともいっている。

サトウキビ

サトウキビについては、ごく簡単に次のことを指摘している。「島の中央部ではサトウキビが広く植えられており、この地域の村々には必ずといってよいほどサトウキビ圧搾機がいくつか畑に備わっている」。「砂糖や糖蜜がそれほど使われていないことからすると、その生産高も少なく、また製造方法も未熟で、無駄が多いものと思われる」。ほとんど使われていないのは、砂糖は租税品であるので、人びとには回ってこないからである。

モロウは、「住民の衣服は、ことごとく木綿製であった。当地で必要なだけの綿は収穫できるようである」とも述べている。麻系統が多いはずであり、木綿は作っていない。

風　土

「大琉球島の風土と疾病および農業」（D・S・グリーン）は、よりくわしく、次のように述べている。まず風土について、「琉球は、ほかのどの国よりも、冬の寒さや夏の暑さが過酷ではなく、気候が良いということである。また、この島は完全とはいわないまでも、どの島よりも健康的であるといえる」、「この島は台風つまりハリケーンの通り道でもあるが、これらによる被害はそれほど多くない」としている。

農業　農業については、まず「すべての土地は政府の所有で」あるとして、「労働と住居」と題して、次のように述べている。「労働のほとんどは人間―男女―が行ない、馬や牛が行う割合は少ない」。牛馬耕が少ないとしている。「作業者たちは傘をさした、なんらかの権限をもった人びとに監督されている。彼らが警官であるのか、雇人に指示を与える借地人なのか、または監視としての役目をもった政府の役人なのかは分からない。もし役人であるとするなら、政府は地主かつ借地人であることになり、作業者は物品によって報酬を受けることになろう」。この観察は、農作業が、役人の指示のもとに行われていることを指摘しているものと思われる。当時の農耕は、自給作物の甘藷のほかは、個別農家のものではなく、村全体の共同生産物であって、それは村に掛けられた租税物品（砂糖など）であるから、役人が管理して従事させていたのである（第8話）。

ここでは、「定形の豚小屋」「定形の囲いや鶏小屋」「牛小屋や馬小屋」があるとも述べている。「耕地は非常に小さな区画に分割され」ているとも記している。このほか、「苗の成長のすべての時期において田には常に水が張られていた」（湿田のことであろう。水を張っているというより、水抜きができないのである）、「当地の上流階級の主食は米であり、日本［薩摩藩］

に税として納める品物の中でも主要作物である」「水田に生える水草を抜く以外には、手入れの必要がないようである」ともある。琉球の水田労働は、日本のそれとは異なって、「多肥」(肥料を多く入れる)でも「多労」(労働を多く使う)でも、なかったことであろう。

サトウキビと製糖

サトウキビと製糖については、くわしい記述がある(第8話)。「サトウキビ(Saccharum officinarum)—主に島南部を中心にかなりの量が栽培されている。ほかの作物と同様、これもほとんど一エーカー[約四〇〇〇平方メートル]未満の小さな畑に栽培されている。一フィート[約三〇センチ]の間隔で非常に密に植えられているため、どの生育段階でも密生しているという印象を受ける。植えたあとに畑を耕すのか、または単に雑草を手で引き抜くだけなのかは分からない。サトウキビは鎌で刈り取り、葉や梢頭部《しょうとうぶ》を取り除いたあと、束にしてサトウキビ圧搾機のところまで運ぶ。圧搾機は、主要道路の近くに一から三台備えられている。サトウキビは、おそらく密に植えるためだろうが、小さくて短く、直径は平均して四分の三インチ[約二センチ]から、長さは四フィート[約一二〇センチ]ほどである」。植えた後の作業が少ないことを予想している。サトウキビの太さが二センチ、丈《たけ》が一二〇センチというのも、妥当な観察であろう。昭和前期になって、太さ五センチ以上の「大茎種」が導入される。

次は製糖過程である。「単純だが効率の良い圧搾は、書き留めておくに値する。直径およそ一フィート[約三〇センチ]、高さ二フィート[約六〇センチ]の固い木製の円柱[砂糖車]

が三個、木枠内に垂直に並んで立っている。両側には円柱間の距離と圧力を調整するほぞ穴［枘穴］とほぞ［枘］がついている［二つの部材を嚙合《かみあ》わせるのに、一方に突起を、他方に溝を設ける］。中央の円柱からは、長さおよそ八フィート［約二・四メートル］の木製の心棒あるいは軸棒が木枠内にのびており、これに一五フィート［約四・五メートル］の曲がった棒がついており、これを回して圧搾機を簡単に動かすことができる。動力は、一頭の馬または牛で、これが直径三〇フィート［約九メートル］の円を描いてぐるぐる歩くことにより、機械［圧搾機］を動かすのである。中央の円柱の上端付近には、一列のほぞ（固い木材）がついており、これは（ほぞがほぞにかみ合うのではなく）ほかの二つの円柱にあけられているほぞ穴とかみ合うのである。圧搾機の仕組みはこれですべてで、このほかには、近くの穴に入れた容器に搾り汁を導くための導管［樋《とい》］があるだけである。サトウキビを回転する中央の円柱と右の円柱の間に押し込むと、反対側にいる人がつぶれたサトウキビを受け取って、縄をなうように捩《よじ》ってから、さらに今度は中央の円柱と左の円柱の間に押し込んで、もう一度搾るのである。この二回の動作で、サトウキビを完全に搾り、汁を効果的に取り出しているようである。搾り汁は甘く、糖分が豊富なようである。汁は近くに建てた簡単な小屋に運ばれ、八から一〇ガロン［約三〇～三八リットル］入る薄い鉄製の鍋に入れて煮詰める。燃料はここでも非常に大事に使われる。サトウキビの搾りかすは、ていねいに束ねて乾燥させる。おそらくは燃料に使われるであろう［そのとおり］。［砂糖の］生産量がどのくらいになるかは分からないが、かなり多いと思われる」。

砂糖の消費　次は砂糖の消費についてである。「どのように使われるのかも不明である。当地ではお茶には砂糖は入れないため、お茶用ではない。上流階級の砂糖煮から砂糖菓子用、あるいは日本への輸出用であろう。少なくとも、庶民の間では砂糖は貴重品のようである。われわれがある大きな村か町に着いたとき、通訳の一人が砂糖を欲しいと言ってきたことがあったが、外国人に対してこのような要求をすることは非常に珍しく、このことからも砂糖が希少であることがわかる」。砂糖は、租税品であるから庶民には行き渡ってはいないこと、「日本」（薩摩）へ輸出される（薩摩に運んで琉球王府が販売するのである）ことを指摘している。

豚・鶏　豚の飼育が多いことにも触れている。「豚は数が多く、村のどの家の豚小屋でも子豚と一緒に二、三匹が飼われている。体は小さくて黒い種類で、重さはせいぜい一五〇ポンド［約六八キログラム］だが、とても太る。中国の豚のように、締まりがなくて柔らかくなく、肉が詰まっている」。「琉球の人々が食べる豚肉は、唯一の動物性の食物である。豚肉は塩漬けにして保存する。家禽《かきん》はかなりの数が飼われているが、それを口にできるのは上流階級に限られるようである」。山羊《やぎ》は見落とされている。家禽とは「家で飼う鳥」のことで、琉球ではほとんど鶏だけだっただろう。

市場　二人は、「市場」のことにも触れている。「島ダイコンは、…市場のいたるところに積み上げられていた」、「那覇の市場に並んでいた大麦は、大変きれいに籾殻《もみがら》が除去されていた」、「大豆を使ったある食品［豆腐のこと］が、非常に大量に作られており、どこの市場でも売られている」、「ときおり馬が市場などに荷物を運ぶことがある」、「大みそかには、鮮やかな糸を巻き付けた装飾の凝《こ》ったボールが多数　市場にならぶ」（第7話）。

第10話

身売りはあっただろうか

仲原善忠《なかはらぜんちゅう》・比嘉春潮《ひがしゅんちょう》以来、日本の幕末に対応する時代の琉球では、日本と同様に、政治危機が続き、経済面でもまた動揺が始まっていた、と描かれることが多い。政治面では、外国船の渡来がくり返され、薩摩藩も幕府も、その対応に苦慮した。また、経済面でも「開国」の影響があり、諸外国との競争の時代となっていった。そして江戸幕藩体制は崩れていった。

ただ、琉球自体に「危機」はなかったし、人びとはそうと受け止めてはいなかっただろう。琉球が次の時代に進むのは、社会の内部から変化していった結果ではないし、時代の変わり目だからと、日本と同じように「危機」が進行したように描くことには疑問がある。

しかし、論者の多くは、時代の行き詰まりを現象として描く。ただ、そのことがどのような「構造」から出て来るかには触れない。そして、その典型として「身売り」の増加を描いている。それは本当にあったのだろうか。

そもそもの疑問

この近世末期の経済面のことは、次のように描かれてきた。階層分解、すなわち上層と下層への分離が起こり、上層では裕福な人びとが生まれ、下層では「身売り」に追い込まれる人びとがいた、と。

商品生産が発達し、その商品をめぐる競争のなかで、勝ち抜く者と敗れる者が出てくる、そのことが階層分解であろう。この商品をめぐる競争という前提が欠けておれば、階層分解は起こりようがない。

琉球近世の社会は、商品生産のない社会である。モノの生産は自給用が基本で、他に貢租としての生産があるが、販売用のモノ、つまり商品は生産されていない。耕地は「私有」ではなく「総有」で、地割制度のもとにあり、必要に応じて配分されている。その土地で自給用の生産物を手に入れている。租税に当たるモノ（砂糖・鬱金《うこん》・藍・反布など）は、役人に指示され、管理・監督されて作っているのであって、それを百姓たちが「我がモノ」（自らの所有物）にすることはない。商品にしようとしても、自分のモノではないから、地域みんなのモノだから、できないのである。

このような社会であるのに、階層分解があり、身売りが出るなどと描かれてきた。それは真実だろうか。

明治期の調査書の意義

まず、明治になって「琉球処分」があり沖縄県が生まれたが、「旧慣」については二十年ほど改革せず、そのまま残された。つまり、琉球近世の社会のあり方が、ほとんどそのまま続けられた。このように「旧慣」が残されたことを、明治政府の利のための「温存政策」であったとする西里喜行《にしざときこう》・金城正篤《きんじょうせいとく》・田港朝昭《たみなとともあき》らの説は、安良城盛昭《あらきもりあき》によって批判されたように、的外れであった（安良城『新沖縄史論』一九八〇年）。

そうではなく、次のような理由によると考えられる。第一に、「琉球処分」に反対し抵抗する勢力があったので、摩擦を避けたこと（このことは大方の同意事項である）。第二に、沖縄の社会が、日本各地とは大きく異なった内容を持っていたこと。第三に、しかしそのこと（異なった社会のかたち）を整理した文書はなく、そのため、沖縄の社会の状況を調査する必要があったこと、などによる。

このうち、第三の調査結果は、「沖縄県旧慣地方制度」「沖縄旧慣地制」「沖縄県旧慣租税制度」「一木《いちき》書記官取調書」「仁尾《にお》主税官復命書写」などにまとめられている（いずれも『〔旧版〕沖縄県史』14・資料編4、同21・資料編11に収録）。

私は、琉球近世という時代を理解するうえで、これらの調査資料が尊重されなければならないと考えている。一般に、歴史の研究は同時代の史料を尊重するわけであるが、琉球の場合、近世期の史料は極端に少ないだけでなく、あっても、それが真実を正しく反映しているのか、規程/規定があったとしても、そのとおりに実施されていたのか、疑問の持たれるものがある。そのような「欠」は、後世の研究者が補わなければならない。その「補い」の第一段階の成果が、ここに掲げた「旧慣調査資料」なのである。

そのため、本書では、これら明治期の「旧慣調査資料」を尊重して「琉球近世の社会のかたち」を描いてきた。この第10話の「身売り」についても、この第9話までの理解と叙述と矛盾しないように描くことが基本になると考える。

中でも、このテーマについて大事なことは、次のことである。土地の私有がなかったこと(第5話)、租税は個々人からではなく団体(間切)から徴収していたこと、それは、王府から間切に「米」「麦」「下大豆」を租税品として指示してあっても、「砂糖」「鬱金《うこん》」「藍」「反布」などで代納することが多かったこと(それが求められていたこと)、その租税品は、地方《じかた》の役人が指揮監督して、その地方の百姓たちに労働させて、その成果としての物品を団体(みんな)のものとして、役人が責任をもって上納すること、したがって、その滞納は個別百姓には起こり得ないこと(第6話)、などである。

「身売り」は出てくるはずがない

このような理解からは、「身売り」は出てくるはずがない。とりわけ、調査書「沖縄県旧慣租税制度」（一八九五年）は、「本県ニ於テハ 一種ノ人身売買 今日ニ於テモ亦 私《ひそ》カニ行ハル、モノアリト雖《いえ》トモ 是レ未納処分ノ結果ニアラス」、つまり人身売買はあるが、それは租税の未納とは関係ないと述べているのである（第6話）。

この文章の前には次のようにある。「間切内法《ないほう》」というのをみれば、滞納者が出れば、「直《ただち》に其《その》家財家畜を引揚け 売却して 未納額に差向け 残余あれは 本人に返付し 不足すれは 妻子を売却せしむるか 又は 其親類に償却せしめ」云々とあることを紹介したうえで、そのようなことはないとしているのである。「実際ニ於テハ 置県後 村ヲ以テ納税者ト認ムルノ組織ト改マレルヲ以テ…」、「置県後 別ニ未納処分ニ付テ 令達シタルモノナキ」、「未《いま》タ 強硬ノ手段ヲ取リタルコトナク…」。以前は間切が納税者であったが、置県後は村（のちの字《あざ》）がそれになっているといい、「実際」には未納処分はされたことがない、というのである。

このような租税状況を踏まえて人身売買を見たとき、それが税と関係するとは考えられないのである。では、なぜ身売りが出るのか。先の文章はこう続けている。「或ハ其夫兄カ 遊蕩《ゆうとう》ノ資ヲ得ンカ為《た》メ 或ハ自ラ好ンテ那覇ニ来《きた》リ 醜業《しゅうぎょう》［売淫《ばいいん》などいやしい生業《なりわい》］ヲ営ミ 利益ヲ得

ンカ為メ等《など》ニシテ 是レ本県人ノ 毫《ごう》モ［少しも］怪マスシテ為《な》ス処《ところ》タリ」。さらにいう。「蓋《けだ》シ［まさしく］此《か》クノ如キハ 独《ひと》リ本県ニ止《とど》ラス 内地ニ於テモ亦 下等社会ノ常ニ行フ処ナルヘシ」。そのような身売りは、沖縄だけでなく、「内地」でもよくあることだという。

そして、先の内法に戻っていう。「世人《せじん》ハ 単ニ内法ノ規定ヲ見テ 直《ただち》ニ 国税未納ノ為メ 妻子ヲ売却セシムルカ如キ 惨酷《ざんこく》ナル処分ヲ為《な》セルモノト速了《そくりょう》［早合点］シ 今日ノ聖代《せいだい》ニ有ル間敷《まじき》事ト非難スルハ 皮相ノ見［見方］ナリ」。

そもそも売春（婦）は、「世界最古の職業」といわれているもので、古今東西、どこにでもある。それは、社会の仕組みや貧困などとは関係なく生まれるものなのである。

私はまた、身売りなるものは、古い時代ほど、「人さらい」などの「経済外的要因」によって生ずるものであり、時代が進むと「経済的要因」も出てはくるが、それは「口減らし」、すなわち、家族を賄《まかな》いきれず、口数（人数）を減らすことによって凌《しの》ぐことから始まるだろうと考えている。

さて、このような基準に照らした時、歴史家たちのこれまでの記述はどのように理解され、あるいは訂正されるべきなのであろうか。

比嘉春潮「身売りする百姓」

まず、比嘉春潮《ひがしゅんちょう》『沖縄の歴史』（一九五九年）は「身売りする百姓」と題して、次のように述べている。「一七世紀以来、田舎百姓は以前にまして貢租上納の負担に苦しんで、この世紀の半ば以後、上納を納め切れなくて借米借銭をつくり、その利子が積って身売りをするものができた。身売りというのは胴代《どしろ》を借りてその返済のために、ある年期の間、債主《さいしゅ》の下男下女となる事である。身売りが出るとその間切村の担税者が減るので、公儀・地頭の財政にも影響する」。

ここには、租税滞納→借金→身売り、というコースが描かれている。しかし、「百姓が租税負担に苦しむ」とあるが、租税は間切単位に課されているもので、個々の百姓が負担しているのではない。したがって、個人が滞納するということはないし、租税滞納を原因とする借金は生じようもない。そうであるから、それに続く身売りも考えられない。なお、「胴代」は身代《みのしろ》金《きん》のこと、「債主」は債権者、米・銭の貸し手のことである。

比嘉は続けて「こういうことが諸間切に多くなって来たので一六八〇（尚貞一二）年から翌年にかけて、評定所は百姓身売りに関する指令を発した」としている。指令は二つある。「それは①身売りは両総地頭の承認を受けること、②身売りした百姓の上納分はその間切・村の百姓中で負担すること、③地頭へ滞納の作得米の利息は二割半とすること、④なるべく同間切内の暮しの良い者に身売りすること、胴代は上男二百貫文・上女百五十貫文・年期は十カ年のこと、⑤もし間切内に買い手がないときには公儀の承認を得て首里・那覇・泊村に身売りのこと、このときに胴代は上男四百貫文・上女三百貫文・年期は同じく十カ年とすること等であった」。

「②身売りした百姓の上納分」という表現は、個別の百姓が租税を負担していたということになるが、これは「旧慣調査資料」の指摘とは異なっている。「③地頭へ滞納の作得米」という表現は、作得米を地頭に納めていたということになるが、それは個別百姓なのか、そうではなく間切そのもの（その役人）なのではないか。

これは、私の理解とは相反する史料である。ここでは、そのことを確認しつつ、疑問を出しておきたい。一六八〇年という近世初期という早い時代（私の理解では、まだ租税制度が十分に整えられていないころ）の史料であること、これに続く後の史料が提示されていないこと、身売りの代償、すなわち胴代が金額で示されていること、などである。

仲地哲夫「階層分化」

仲地《なかち》哲夫《てつお》は、「沖縄村落―首里王府の基本政策と階層分化」（日本村落史講座編集委員会編『日

本村落史講座』第7巻・生活2〈近世〉、一九九〇年）の末尾で、「地割制度の〈変容〉と階層分化」と題して、次のように論じている。

第一に、「享保《きょうほう》二〇年（一七三五）の〈西原間切公事帳《くじちょう》〉」によれば、「王府は、年貢を上納することができない［者がいる］時は、親類あるいは〈地与合《じくみあい》〉の者が援助して身売りを防ぐようにと 掟や村蔵当（掟は村の行政責任者、村蔵当は年貢上納を担当する村役人）に指示していた」。

原文に当たってみると、そこには「身不売様に」（身を売らぬように）という文言がある。しかし、「年貢を上納する」のは、個人ではなかろう。この「公事帳」の記述は、「旧慣租税制度」が述べていた「村内法」と同様であり、そのように実行されていたと早合点すべきではなかろう。

第二に、「『琉球資料』一六三〈琉球雑記〉所収の史料の中に 王府が三司官の名で出した令達がある。それによれば、当時（一九世紀初頭〜幕末の間）の農村は〈富饒貧窮段々有之〉［富める者と貧しき者がだんだん出てきた］という状況であった」。「貧しい農民らは、困窮し年貢が払えなくなると、高利［高い金利］と知りつつ借金した。富裕な農民は 貧農の弱みに付け込んで蓄財し、貧農が借金を返済できない場合は 家財道具や家畜を引き取り、それでも足りない場合は 妻子を売り払ったというのである」。

ここでも、農民の中に階層分解が起こっているとされている。その要因は示されない。間切という集団で租税を負担しているのだから、そこには、個別に、年貢を払える者と払えない者が出てくるはずはない。借金を返済できない場合の処置も、「公事帳」や「村内法」と同様で、実際に行われていたと早合点してはなるまい。

第三に、「天保三年（一八三二）の〈恩納《おんな》間切仰渡日記《おおせわたし》〉および〈羽地《はねじ》間切日記〉の中に、地割制の〈変容〉を示すくだりがある」。それには「地割の原理［無親疎《むしんそ》配分＝平等原則］に反する〈親疎之成行《なりゆき》〉があった」と。

これを仲地は「階層分化が進みつつあった」というのである。「親疎」とは「関係が親しいことと疎《うと》いこと」をいうが、ここでは土地配分の厚いことと薄いことを指している。「無親疎配分」は「平等原則」をいう。ここで原則とされる「平等」は、形式的な平等ではなく、実質的な平等であろう。家族数が多ければ、土地の配分は多くなるはずである。そのことを踏まえてなお、不平等になっていったのだろうか。これは、平等原則の大事さを指摘するために、これを崩さないようにと注意した文ではなかろうか。

第四に、「『那覇市史』の資料篇第1巻7〈家譜資料3首里系〉の中に、幕末の東風平間切《こちんだまぎり》の疲弊と階層分化を示す文書が収録されている」。それには「東風平間切の村々では身売りが続出するようになり、村が立ちゆかなくなって他の村に加勢《かせい》［助力］を頼まなくてはならなくなった事情が述べられている。そして村落の内部で地割制の原則が崩れ、各村で資産家による土地集積が行われていたことがわかる」。

ここでも、「身売りの続出」と「地割制の原則崩れ」があったとされている。

第五に、『仁王〔仁尾〕主税官復命書写』の中に次のような指摘がある」という。「百姓〔は〕均《ひと》シク一定ノ割前《わりまえ》ヲ受クル権利アル」ように見えるが、実際はそうではない。「資力乏シク 納税上掛念〔懸念〕アルモノ 若クハ怠惰ナル者等ニ対シテハ、特ニ其配当ヲナサ、ルコトアリ」と。

仲地はこれをもって「明治中期の調査に基づくものではあるが、このような傾向は幕末にも見られたであろう」と推測している。ここでも、「均しく」配分することが地割の原則だと理解しているが、それは「形式平等」ではなく、「実質平等」であったのであり、ここでの仁尾主税官の理解も、そのことを踏まえていないというべきである。

結論として、「幕末の琉球において地割制が〈変容〉し、階層分化が進行しつつあったという事実は、琉球の村落について考える上で重要である」という。

もはや繰り返さない。地割制度の理解の問題と、階層分化の要因理解の問題である。

仲地哲夫「ウェーキと身売り百姓」

仲地哲夫はまた、「近世琉球のウェーキ（資産家）と身売り百姓」（沖縄国際大学南島文化研究所編『南島文化』第29号、二〇〇七年）で、上層としてのウェーキと、下層としての身売り百姓を、

『球陽』の記述から検討している。

ウェーキのうち五例は「いずれも一七〇九年の飢饉のさいに郷里（村）及び間切に米や粟《あわ》を提供して貧民を救済した事例であ」る。この一七〇九年は「三〇〇〇人余の死者が出た年として知られている」という。第六例目は「一七一八年の冊封使一行の来琉にさいし、王府に八〇石余の穀物と銀四六両・銭一六〇〇貫文を〈奉借〉（献上）したものである」。第七・八例目は「凶年にさいして貧民に米を提供（あるいは「借与［貸与］」）した事例である」。これらは不明の二人を除いて、「いずれも間切の上級役人であった」。

第六例目の話は、中国から来た冊封使たちが持参して来た物品を買う／買わされるという仕組みの中で、王府は代価の支払いに難渋し、「間切の上級役人」らから穀物や銀・銭の献上を求め、それに応えた人びとの事蹟ということであろう。

仲地は、このようなウェーキの事例の中には、「身売り百姓については何も書かれていない」こと、「褒賞《ほうしょう》の基準に合致した事例にかぎられている」ことを指摘している。つまり、これらのウェーキが「身売り百姓」を抱えていたのかは不明ということである。なにより、これら「間切の上級役人」の提供した「資産」は、実は間切そのものの「資産」であった可能性があるのではなかろうか。

対極の「身売り百姓」の事例は、次のごとくである。第一例は、「首里の毛家《もう》に自ら身売りした」。全一四例のうち一〇例は「いずれも一七四三年の事例で」、「幼時に父母に売られ、家主（抱主）の下で忠実に働き、自ら借銭を返済して自由の身となった事例ばかりである」。これらは、「いずれも王府が、褒賞にあたいするものとして選んだ記事である」。

まず、「身売り」といっているが、その意味は何だろうか。「家主（抱主《かかえぬし》）の下で」働いている。そして、その代償を得ている。いわば賃金が与えられているのである。「身」すなわち「労働力を売った」ことになる。当時の人びとがそれを「身売り」といっていたとしても、われわれの観念では、これは「身売り」ではなく「奉公／就職」である。

しかし、これが現代の賃金労働者と異なるのは、「身売り」の時点で「借銭」（借金）をしていることである。比嘉春潮は「胴代《どうしろ》」といっていた。これは現代に当てはめれば「前借金」ということになる。「前借金」をもらって、しかも賃金ももらうという、不思議な関係である。

第一例の場合、「自ら身売りした」とある。その借銭は親に届けられたのだろう。それでも「よく家主につかえ、借銭［の返済］を免除され」たとある。そして、この「労働者」は自らの居住地から通勤するのではなく、「家主（抱主）」の所に住み込むのであろう。そして、その賃金が溜ったので、それで自らの身を買い戻した、という。自らの労働で賃金を稼ぎ、「身売り代金」を返済したという、やはり不思議な関係である。

他方、金銭の代償として身を売るのではない場合も考えられよう。ただ「口減らし」として、他の家に身を移すのである。これも「身売り」ではない。

当時の史料に「身売り」とあっても、現代的なそれを想定すべきではない。身売り先で働いて金銭を稼ぐというのは、現代的な身売りとは異なる。身売りされた者が、そこで働くのは「ただ働き」であって、賃金のような代償を与えられることはないであろう。したがって、その稼いだ金銭でわが身を「あがなった」（贖った／購った）というふうにはならない。ただ「口減らし」であれば、社会状況に関係なく、ありうるのではなかろうか。

仲地は、一方で、「ジュリ売りの事例が一つもない」ことを指摘し、「実際は多くの百姓がジュリとして売られていた」と予想している。「ジュリ」は「尾類《ジュリ》」とも書いて、遊女・娼妓《しょうぎ》のことをいう。「料理」の鹿児島訛《なま》り（ジュリ、ジュイ）からきた言葉だといわれる。

その事例が一つもないことについていえば、それがあったとしても、その後の時代のように「身売り」によってそのような境遇になったのではなく、当時の琉球では、金銭の代償なしに、「口減らし」と、他の、おそらくは性的な理由によって、ジュリになる／させられることがあったと考えるべきであろう。

豊見山和行「久米島の人口減少とその影響」

豊見山和行《とみやまかずゆき》は共著『〈新版〉沖縄県の歴史』（二〇〇四年）の中で「王国末期の様相」を、次のように書いている。

「一八〇〇年代の初頭から明治政府に併合される明治一二（一八七九）年までの琉球は、外交や外圧の問題が内政へ前代以上に跳ね返る時代であった。内政面での大きな問題の一つは、前述の久米島《くめじま》にみるような農村の疲弊化にあった。農村の疲弊化とは、村全体が年貢《ねんぐ》を滞納する状況をさし、農業生産の悪化が大きな要因であった」。

その「前述」の、「農村の疲弊化」の叙述に戻ってみよう。「久米島の人口減少とその影響」と題されている。そこでは、久米島のうち具志川《ぐしかわ》間切のことが描かれている。

まず、順調だった時代を次のようにいう。①「一七四四年の乾隆《けんりゅう》検地時に、人口は三九六三人で御用布の上納も二五六反ほどであった。女性たちの八〇〇～九〇〇人は織り手として従事する一方、家業との兼務も十分可能であった」。②「田畠の耕作もゆきとどき食料にも余裕がうまれ、養蚕も順調に発展したため王府へ上納する御用布や綿子《めんす》も定額以上に生産することができた」。③「王府はそれを買いあげたので、その代米と年貢米を差引きすることが慣例となっていた。ある年の代米量は四三〇石余もあり、差し引くと実際の上納米は二四〇～二五〇石ほどとなった。百姓一人当りの負担額は、わずか六、七升の上納であったため、臨時の上納も完納するなど、年貢未納とは無縁であった」。

コメントする。①御用布（貢納品としての反布）の「織り手」のことだが、四〇〇〇人の人口の半分が女性だとすると二〇〇〇人、それには年寄りも若年者もいる。それを除くと一〇〇〇人ほどになろう。そのうち「八〇〇～九〇〇人は織り手として従事する」という。女性のほぼ全員が「織り手」だとしているのである。それはありえまい。織り手はその技を持つ、選ばれた人びとに限られるはずである（宮古・八重山ではそうであった）。これは、いわゆる「人頭税」といわれ、一人一人に画一的に「織り」が強いられたという「伝説」に基づいた記述でしかないであろう。二五六反の上納があったという。年間で、三人で一反という比率になる。この点から見ても、八〇〇～九〇〇人も織り手がいたとは考えられない。「家業との兼務」が「可能」だったというが、「可能でない」状況を想定することができるだろうか。それは、生きていけないということである。②この時代はすべて順調だった、という。

③「王府はそれを買いあげた」という場合の「それ」は「御用布や綿子」の「定額以上の生産（貢納分を超える過剰生産分）」ということだろう。この買い上げ代金を「代米」といっている。貨幣ではなく米で償《つぐな》ったということになる。「年貢米」（六七〇～六八〇石――私が逆算して出した）から、「代米（過剰生産分）」（四三〇石）を差引いたから、二四〇～二五〇石ほどの上納ですんだ年もあった、という。本来の年貢米の三分の一程度である。しかし、「年貢」は米だけでなく御用布もあるのだから、収納する側が、米よりも布の方に力点をおいて徴収している姿を想像することができる。それにしても、米は農産物だから年によって豊凶の差はありうるが、布はどうして過剰生産がありうるのか（原料不足による過少生産はありうる）、疑問である。

その「順調」だった状況が「一転」する、という。「このように余力のある生産状況が一転したのは、年代は不明であるが、沖縄島で流行した疱瘡《ほうそう》や麻疹《はしか》が久米島に流行したことにあった。久米島の人びとは免疫力が不十分であったのか、島中の大半の住民が罹病《りびょう》し、看病に手がまわらないほど蔓延《まんえん》したため数百人が死去する事態となった。それを契機に、年貢未納の世帯（家内倒れ《ちねー》）が多くなり、以後、人口は減少の一途をたどり、道光二八（一八四八）年時点では以前の人口の三分の一にもおよばない、わずか一二五五人となった。その人口で年貢・諸上納物・御用布その他を上納しなければならなかったため、全体的に過重な負担状況となっていた。百姓の男性は、御用物や御用布の染具などの下準備やさまざまな夫遣《ぶづか》いに使役され、それらに従事しながら田畠を耕作する必要があったため、田畠の〈余多《あまた》［数多］の地面〉が〈捨て荒れ〉（放棄）の状態となっていた。農業へ専念できず、必然的に収穫量も減少し、年貢や諸上納物も不足したため、毎年のように未納するようになっていた。／同様に、百姓の女性たちも労働が加重［過重］となったため、養蚕への従事も不十分となり、綿子の生産も激減し、困窮者は綿子を購入するか、あるいは王府から拝借してようやく年貢上納へ充当する事態となっていたのである」。

コメントする。病気の流行で人口が激減するというのは、ありうることである。問題はその後の対応である。三分の二減という異常な人口減少に直面しても、王府は「年貢・諸上納物・御用布その他の上納」を強要したのか（こんな為政者はありうるのか）。それは「過重な負担状況」というような、なまやさしいことではあるまい。そのため、田畠が荒れたという。そうなることは分り切っているのに、王府は何の手当てもせず、そのことが「年貢や諸上納物の不足」として跳ね返ってくることを見通せず、ただ上納を要請し続けたのか。その状況から抜け出すために、「困窮者は綿子を購入」したというが、困窮しているのに「購入資金」はどこから出てきたのか、あるいは「王府から拝借」したというが、王府は貢租の減免はせず、金や綿子を貸したのか。それで得た貨幣で綿子を購入したのか——疑問だらけである。「農業に専念できず」というが、当時の自給用の農業は、「専念」と表現されるような、「一所懸命」なものではなかったであろう。

豊見山和行「王国末期の様相」

豊見山の「王国末期の様相」に立ち戻る。久米島をはなれて、琉球一般のことである。①「村々は、およそ五世帯を一単位（組・与《くみ》と称した）として複数の与から構成されていた」。②「年貢納入の基本単位は、〈家内《ちねー》〉であったが、年貢を未納（未進）する事態となると、借金をして納入した」。③「しかし、その借金が累積し、身売りなどへと発展して年貢の負担能力を失うこともあった」。④「そのような世帯を〈家内倒れ〉とよんでいた。その家内倒れの世帯の負債は与が代替して補塡《ほてん》したが、その与自体が負担できないと〈与倒れ〉となり、与の負債は、村全体でささえる仕組みになっていた。その村自体が負担能力を失った状況が〈村倒れ〉である」。⑤「そのような〈村倒れ〉一歩手前の村々が、一八二〇年代には数多く発生していた」。

コメントする。②「年貢納入の基本単位は、〈家内《ちねー》〉であった」という。そうではないはずである。明治期に、近世に遡って調査した報告書がいくつかあるが、そこでは皆一致して「間切」だとし、それが明治以降に「村」になったとある。それとも、近世には「家内」だったという史料があるのか、明治の調査者たちは真実を捉えそこなったというのか。このことは近世の（あわせて明治前半の）租税を考えるうえで最も大事な、基本的な問題である。また、「年貢を未納（未進）する事態となると、借金をして納入した」という。未納する主体は「間切」であろう。間切が借金しただろうか。③家内ではなく、間切の借金が増えていっても、身売りには結びつかない。④「家内倒れ」「与倒れ」「村倒れ」という語句は、比嘉春潮なども使っているが、どのような史料に出てくるのだろうか。⑤「そのような〈村倒れ〉一歩手前の村々が、一八二〇年代には数多く発生していた」という。また、「村倒れ」ではなく、「その一歩手前」としているのは、「村倒れ」自体はなかったことを表現したもののようでもある。「村倒れ」はあったのか、なかったのか。「数多く発生した」のは何だろうか。

さらに続ける。⑥「そのような疲弊した村や間切の再建のために首里王府から派遣されたのが、検者《けんじゃ》や下知役《げちやく》という臨時の役人であった。検者・下知役の強引な再建策で一時的にもちなおす間切もみられたが、数年後にはふたたび年貢の滞納状態におちいる村がほとんどであった」。⑦「他方、王府の財政も慢性的に悪化し、借銀は累積する一方であった。その大きな要因の一つは前代にくらべて短い周期で、江戸への琉球使節の派遣と清《しん》朝からの冊封使一行の来琉（冠船《かんせん》）があいついだことにあった。琉球使節の江戸上りと冊封使の歓待は、琉球国にとって莫大な経費を要する大典であった。蔡温《さいおん》が嘆息した琉球の〈偏小の国力〉に不相応な冊封使の歓待と江戸上りなどの主要な財源は、数少ない商品作物である黒糖《こくとう》や鬱金《うこん》を生産する農村にささえられていたのである」。⑧「その農村は前述のように、年貢の滞納（村倒れ寸前）が深刻になっていたのであり、打ち続く江戸上りや冊封使の来琉は、よりいっそう農民の負担を重くしていた」。

コメントする。このあたりは、他の多くの論者と共通している。⑥「検者や下知役」を派遣すれば、疲弊した間切や村を再建できるという、そのような見通しはあっただろうか。そもそも再建策を立てることも、それを実行する見通しは持てなかったと思われる。「数年後にはふたたび年貢の滞納状態におちいる村がほとんどであった」としているではないか。⑦「王府の財政も慢性的に悪化」していた、という。財政の構造には触れず、その悪化をいう。「冊封使の歓待と江戸上り」の経費は、「数少ない商品作物である黒糖や鬱金を生産する農村にささえられていた」という。黒糖や鬱金は「商品作物」ではない。貢租としての生産物である。百姓たちがめいめい作って、それぞれが販売しているものではない。生産の段階から貢租としてある。その貢租を受け取る王府が諸経費を「ささえていた」というべきであろう。⑧その「農民の負担」は「よりいっそう…重くしていた」という。王府の財政困難から増税されたというのだろうか。

最後の部分である。⑨「これまで概観してきたように、近世琉球の百姓《ひゃくしょう》（民衆）は、王府や地方役人《じかた》から多様な年貢や上納物、そして夫遣《ぶづか》い（夫役《ぶえき》）を賦課されていた」。⑩「旧来、そのような年貢負担に対する百姓側の対応がどのようなものであったかは、十分解明されてはいない」。⑪「近世琉球においては、百姓一揆のような組織的で大規模な抵抗形態を検証することはできない」。⑫「しかし、そのことは百姓（民衆）が王府を含む支配層へまったく抵抗しなかったということを意味するわけではない。琉球民衆なりの抵抗は存在したのである」。挙げられているのは、王府へ献上用の馬にキズをつける、年貢の御用布を規格はずれにする、抜荷《ぬけに》（密輸）、百姓の集団逃走（欠落《かけおち》）である。

コメント。⑨「これまで概観してきたように」というが、「概観」してきただろうか。当方には何もイメージが残されていない。「年貢と上納物」とあるが、「年貢」と「上納物」とは同じであろう。「夫遣い」については何も語られていない。
⑩「年貢負担」には「百姓の対応」、おそらくは「抗議／反抗」があるという前提で語っている。私は、当時の百姓は、自給自足の生活をしていた、それは「きびしく／激しく」働かなくても、できることであった、と考えている。租税負担は、それを侵さないように仕組まれているのであって、それも、間切単位で負担させているのであって、租税負担があるから「抵抗」すると見るのは、当たらない。

⑪「百姓一揆」はない、という。それはそもそもどのようなものとして起こるのか。そのようなものは琉球では起こりようがない、という原点の解明／指摘がない。「一揆」は「揆を一《いっ》にする」こと、他に対抗するために同盟することである。琉球近世の社会にはその必要もなかったし、それはなかった。したがって、「百姓一揆」がおこる要因がないのである。

⑫そして「琉球民衆なりの抵抗」を例示している。「王府へ献上用の馬にキズつけ」るというが、そのことによって、どんな効果が期待できるのか。「年貢の御用布を規格はずれに」するというが、何のためにそうするのか。それは上納すべき反数の減少でしかなかろう。「抜荷《ぬけに》（密輸）」は、何を、何のためにするのか。そもそも、百姓たちの手元に、自分たちの生活必需品のほかに、手放すことのできる私有物はなかったのではないか。百姓が「集団逃走（欠落《かけおち》）」をするという。どのような効果が期待できるのか。このような例示でもって「琉球民衆なりの抵抗」が示されたことになるであろうか。

総じて、豊見山の叙述は、琉球近世の農村のようすを、その基本において捉えていない、農業や、砂糖や反布についての基礎知識が欠けている、と言わざるを得ない。時代の終わり目であるから、疲弊があったという観念で描いているのではないかと疑われる。「身売り」については、正面からは触れていない。

西里喜行「近世末期の内政問題と対外関係」

西里喜行《にしざときこう》「近世末期の内政問題と対外関係」（『〈新版〉沖縄県史』各論編・第四巻・近世、二〇〇五年のうち）は、「末期」（「後期」のうちのそれ、一八四〇年代以降）に焦点を当てて、その政治経済の動揺・混迷を描いたものである。

西里は、高良倉吉《たからくらよし》「近世琉球への誘《いざな》い」（『新琉球史 近世編・上』一九八九年のうち）が「近世琉球は自己の内部矛盾で崩壊したのではなく、外部のインパクト、すなわち明治政府の琉球処分によってはじめて崩壊」したとしていることに異を唱えて、いわば「内部矛盾」に焦点を当てて論を展開している。

まず、「末期」ではなく「後期」、一八世紀後半以降である。「一八世紀も後半に入ると、村落疲弊の徴候が各地に顕在化し」たことを、主として正史『球陽』から事例を挙げている。その中には、「毎年賦米足らず、百姓漸《ようや》く疲れる」（一七七〇年）、「租税未納・滞納額は多く、借金も重なり、身売人は百余名に及」んだ（一七八六年）、「台風・旱魃《かんばつ》・霖雨《りんう》［長雨］・地震・津波などの自然災害が頻発し、飢饉や疫癘《えきれい》［伝染病］の流行を伴ったこと」（一七七一年、一七八五年）、そのことが「年貢滞納・借金累積の疲弊状況」をよんだ、などが含まれている。

ここで「末期」、一八世紀八〇年代に話が進められる。この年代には「大飢饉」があり、それは九〇年代まで続いたとし、一九世紀初頭の一〇年間にも、「台風・旱魃」があり、「一五〇〇名余の餓死者」が出、二〇年代中ごろ三〇年代の初頭にかけても、自然災害を蒙り、死者七五〇〇人を出した、とする。

以上は、自然災害を原因とする「疲弊」である。

西里が列挙している自然災害について、現代の知識と経験からは、次のように言うことができる。台風は七月から九月にほぼ毎年数回やって来る。被害が出ることももちろんあるが、作物よりは家屋の方に出るだろうし、その備えは基本的にできているであろう。干ばつは五月から六月の梅雨が「空梅雨《から》」になったときに起こる。これは三年に一度くらいあるが、その被害は多くの作物に及ぶものではない。むしろ飲用水に困るであろう。干ばつに会ったら、雨をもたらす台風の襲来を期待する。長雨について。熱帯の雨季に相当する時期は、琉球では冬季であるが、それが長く続いたとしても大きな被害が出るとは考えにくい。このように見てくると、自然災害が飢饉に直結するとするのは、説得的でない。津波や伝染病なら分かる。

次に、「村落の脆弱な生産システム」（天水田が多いことなど）と「王府当局の災害対策の欠如」からくる「疲弊」を指摘している。

第三の「疲弊」の原因として、「近世後期には一貫して人口減少が続いたこと」を挙げている。このことについては、田名真之《だなまさゆき》が、この時期の人口減少は「ある意図を持ってはじき出された数値」だと疑っていること（実際は増加しているとしていること）を指摘しつつも、そのことを否定している。

そして西里は、「他方で、農民の租税負担が増大するという社会矛盾が存在し続けた。むしろ、租税負担の重圧こそ村落疲弊の一義的要因であったというべきであろう」と述べる。つまり、自然災害よりもこの方が「一義的」(最も重要な)要因であったというのである。「一五〇〇名余の餓死者」や「死者七五〇〇人」を出したりしたことは、なにより租税負担の増大によるものとされているのである。その具体的様相は描かれていないが。

西里のこの文章の末尾、第六章は、「王国末期」に焦点が絞られている。

総括的にはこういう。この時期は、対外関係から王府の負担が増加したが、それは「最終的には百姓・民衆の肩にのしかかり、重い負担とならざるをえなかった」という。「加えてまた、地頭層から地方役人層に至る琉球社会の支配層も公的・私的に必要な諸経費の大部分を百姓・民衆に負担させた」ともいう。

王府の財政が困窮化したというのはいいとしても、その対策として、王府が「百姓・民衆の肩」にしわ寄せしたというが、例えば増税をしたのか、には触れない。してはいないであろう。また、「琉球社会の支配層」が同様に「百姓・民衆に負担させた」というが、その具体像は描かない。このような、「為政者というものはこういうものだ」という観念で歴史を描いているようにしか見えない。

もう一つ。「百姓・民衆の抵抗」を描いている。さらに、人口がひたすら減少していったとしている。しかし、それでは、その後に増加に転ずるのはどうしてかという疑問を生じさせる。

西里は、「身売り」については、それを記述した史料を示しているだけだが、「自然災害／苛斂誅求→農村の疲弊→人口の減少→民衆の抵抗→新しい時代」という、時代の終わりには社会はそうなるという観念を先行させている、といえよう。

総じて、「身売り」論についていえば、どの論者も、その送り手と受け手との様相を具体的に描くことをしていない。なぜ身売りするのか、その態様はどうだったのか、売られてどのような境遇になったのか。なぜ身を買うのか、そのことによってどのような「利益」を得ていたのか。これらのことが示されなければ、私の「身売りはなかった」という想いは消えていかない。そしてなによりも、租税負担に耐えかねての身売りという、旧慣調査資料が「あり得ない」としたことをどう見るかの提示が欲しい。

おわりに

ご覧のように、この本は琉球の近世という時代、その社会のかたちが、「普通ではない」「日本と同じではない」ことを明らかにしたものである。

沖縄／琉球は、今では「沖縄県」であり、日本の一部であるから、以前も「日本のような社会」であったかのように思いがちである。しかし、そうではなかった。

日本の近世社会は、米の生産を軸に組み立てられていた。「石高制」（米高制）の社会である。しかし、琉球は「石高制」の社会ではなかった。このことの重大な違いを、沖縄の歴史家たちの多くは軽視してきた。そのことを指摘する歴史家もいたが、その意味するところを軽視した歴史家が多かった。私は琉球が「石高制」の社会ではなかったことを、当然に、重視する。

メインではない（おそらく農業生産の五％ほど）が、琉球でも米を作っていた。米の作り方も大きく異なっていた。日本の近世社会での米の生産は、灌漑に支えられていた。つまり、水の掛け引きをしていた。必要なときには水を掛け、そうでない時には水を抜く。乾田《かんでん》農法である。また、肥料を与える。しかし、琉球での米生産は、湿田《しつでん》であった。いつでも田に水があるのである。また、肥料を与えることをしていない。

そのため、同じ面積から穫れる米の収量は、日本の三分の一ほどしかなかった。

このことは代表的で、象徴的な姿であるが、これを念頭に置かない琉球史が横行している。人びとの生活の基礎、生産のあり方を無視して、社会のかたちをつかめるわけがない。

だから、貨幣があるから「貨幣の流通している社会」だと勘違いし、自給生産のほかは基本的に租税としての生産であるのに「商品の生産と流通のある社会」だと勘違いしている。そうではないのである。琉球近世の社会には、基本的に「商品の生産と流通はない」「貨幣の流通はない」のである。

はたして読者はこの基本を理解いただけたであろうか。

近年の沖縄は、「日本離れ」をめざす「琉球独立論者」が勢いを得ている。地元の二つの新聞社もそれを応援しているように見える。

沖縄/琉球が「日本」と異なる社会であることは、今もそうである。というより、「日本的でない」要素が多方面に認められる。しかし、その違いは「誇らしい違い」ではない。もちろん、芸能などの違いは「誇らしい」といってもいいかもしれない。そうではあっても、社会の立ち方が「誇らしい」とはいえない。低い生産力に基礎づけられた「遅れた社会」であることは、無視できない。

「琉球独立論者」は、沖縄/琉球が「日本」と異なる社会であることを強調し、賛美する。しかし、その「異なる」ことが賛美できることかどうかの吟味を欠いている。そして、社会が

「気概」だけで成立するものではないことを軽視している。「日本」と対立すればすべていいわけではあるまい。「独立」をめざす根拠を、琉球の近世という社会に求めているようだが、ご覧のように、それはずいぶんと「遅れた社会」だったのである。

それでも私は、沖縄生まれで「沖縄大好き人間」である。しかし、好きだからといって、「遅れた社会」であったことに目を塞《ふさ》いで、「誇らしい」側面だけを論《あげつら》うのは、科学ではない。その両面を正直に見つめたいと思っている。

二〇二二年六月一日

著者紹介

来《くり》間《ま》泰《やす》男《お》

1941年那覇市生まれ。宇都宮大学農学部、同大学院農学研究科（農業経済学専攻）出。1970-2010年沖縄国際大学、現在は名誉教授。主な著書、『沖縄の農業（歴史のなかで考える）』（日本経済評論社）、『沖縄県農林水産行政史 第1・2巻』（農林統計協会、九州農業経済学会学術賞を受賞）、『沖縄経済の幻想と現実』（日本経済評論社、伊波普猷賞を受賞）、日本経済評論社から「シリーズ沖縄史を読み解く」（全5巻・9冊）、『琉球王国の成立と展開』を刊行。

琉球近世の社会のかたち

よくわかる沖縄の歴史

2022年8月1日　第1刷発行

定価（本体2200円＋税）

著　者　来　間　泰　男

発行者　柿　﨑　　均

発行所　㍿日本経済評論社

〒101-0062　東京都千代田区神田駿河台1-7-7

電話 03-5577-7286　FAX 03-5577-2803

E-mail: info8188@nikkeihyo.co.jp

組版・印刷・製本・装幀＊閏月社

乱丁本・落丁本はお取替えいたします　Printed in Japan

©Kurima Yasuo 2022

ISBN 978-4-8188-2616-8 C0021

・本書の複製権・翻訳権・上映権・譲渡権・公衆送信権（送信可能化権を含む）は、㈱日本経済評論社が著者から委託を受け管理しています。

・JCOPY〈(一社)出版者著作権管理機構委託出版物〉
本書の無断複製は著作権法上での例外を除き禁じられています。複製される場合は、そのつど事前に、(一社)出版者著作権管理機構（電話 03-5244-5088、FAX 03-5244-5089、e-mail：info@jcopy.or.jp）の許諾を得てください。

来間泰男著

シリーズ 沖縄史を読み解く（全五巻九冊）

1 稲作の起源・伝来と〝海上の道〟 本体上3200円、下3400円

2 〈流求国〉と〈南島〉――古代の日本史と沖縄史 本体3800円

3 グスクと按司――日本の中世前期と琉球古代 本体上3200円、下3400円

4 琉球王国の成立――日本の中世後期と琉球中世前期 本体上3400円、下3600円

5 それからの琉球王国――日本の戦国・織豊期と琉球中世後期 本体上3600円、下3200円

＊　＊　＊

琉球王国の成立と展開 よくわかる沖縄の歴史 本体2000円